F A H N E N

FAH NEN FAKTEN ÜBER FLAGGEN

AUS DEM ENGLISCHEN VON WERNER KÜGLER

KNESEBECK

INHALT

DIE GESCHICHTE DER FLAGGE

DENN IHR SEID DIE, AUS DEREN HAND DIE FLAGGE ENTSTEHT, UND ES IST GUT, DASS IHR DIESE ARBEIT GENIESST.

Franklin Knight Lane

Die Entstehung der Flagge lässt sich bis weit in die Geschichte der Menschheit zurückverfolgen. Seit Jahrhunderten werden Fahnen als Rangmerkmale, Erkennungs- und Zugehörigkeitszeichen verwendet. Schon in frühgeschichtlicher Zeit versammelten sich Menschen unter Fahnen. Heute gibt es Flaggen in den unterschiedlichsten Ausführungen. Vorformen der Fahne kannte die Menschheit schon in stammesähnlichen Jagdgemeinschaften. Da aus diesen Vereinigungen Führer hervorgingen, nutzte man »Vexilloide«

Adler sind seit vielen Jahrhunderten beliebte Motive auf Fahnen und Flaggen.

(mit Emblemen verzierte Stangen oder Speere), um diese Personen kenntlich zu machen. Beispiele für diese Flaggenvorform sind frühe aztekische Feldzeichen.

Nach und nach entwickelten sich in sämtlichen Kulturen des Altertums Vorformen von Fahnen. Auf altägyptischen Feldzeichen sind Provinzen des vordynastischen Ägyptens dargestellt, andere zeigen Götterembleme. Die ersten Banner tauchten auf, als in China die Seide entdeckt wurde. Sie

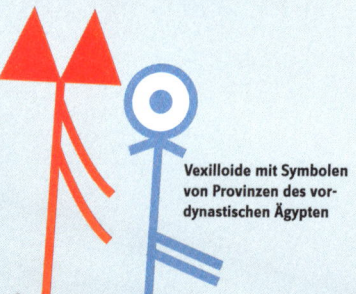

Vexilloide mit Symbolen von Provinzen des vordynastischen Ägypten

Beispiel eines
klassischen alt-
chinesischen Banners

waren leichter zu tragen als die
herkömmlichen Feldzeichen und
zudem aus größerer Entfernung
erkennbar. Die Chinesen verwendeten erstmals Tuchstücke und
befestigten sie seitlich an Stangen,
ähnlich den heutigen Fahnen. Ihre
Form war zumeist rechteckig,
später wurden sie quadratisch
oder dreieckig und hatten oft
flammenartig gezackte Ränder.
Von China aus verbreitete sich
diese Praxis in der Mongolei und
gelangte über Indien und Persien
ins Römische Reich und nach
Europa.

Die frühesten bildlichen
Hinweise auf Fahnen liefern
Fresken in der römischen Stadt
Paestum, auf denen samnitische
Krieger zu sehen sind, die Flaggen
führen. Den Einsatz von Militär-
standarten hatten die Römer von
den Persern übernommen, die
bereits quadratische, mit Fransen
gesäumte Stoffstücke an einer

unter der Lanzenspitze befestigten
Querstange angebracht hatten.
Auch das berühmte römische
Adleremblem war persischen
Ursprungs.

Später wurde im römischen Heer
die Dracostandarte eingeführt,
ein hohler bronzener Drachen-
kopf an einem Stab, an dem
ein röhrenförmiger Windsack
befestigt war.

Im 6. Jahrhundert wurde der
Draco von den sächsischen
Eroberern Britanniens übernommen und blieb in angelsächsischen
und normannischen Heeren bis ins
12. Jahrhundert gebräuchlich.

Gegen Ende des 8. Jahrhunderts
hissten die Wikinger als erste
Europäer Flaggen auf Schiffen.
Die Wikingerfahnen hatten die
Form von Dreiecken mit gebogen-
er Grundlinie, die wichtigste
war die Rabenfahne, die vom
10. Jahrhundert an auch auf vielen
Wikingermünzen erschien.

Eine der Rabenfahne sehr
ähnliche Flagge trägt ein Krieger
Wilhelms des Eroberers auf dem
Wandteppich von Bayeux. Die
meisten der hierauf dargestellten
Banner ziert jedoch ein Kreuz,
das Kriegern und Seeleuten schon

Der *Draco* (die Drachen-
standarte) wurde von den
Römern, später auch von
Angelsachsen und Norman-
nen genutzt.

in vorheraldischer Zeit als Symbol diente. Mit einem Kreuz verzierte Banner waren auch während des Ersten Kreuzzugs 1096–1099 im Einsatz.

Mit dem Aufkommen von Topf- und Visierhelmen wie der Hundsgugel, die die Gesichter der Kämpfer verbargen, kam den Fahnen als Unterscheidungszeichen eine größere Bedeutung zu als je zuvor. Auf diese Weise erweiterten sich im zwölften Jahrhundert die bis dahin zeremoniellen oder militärischen Symbole um Herrscher-, Gebiets- und schließlich Nationalembleme.

Das *Kreuzbanner*, eine im Ersten Kreuzzug weit verbreitete Fahne

Darstellung einer *Rabenflagge* der Wikinger

Im Laufe des Zweiten Kreuzzugs (1147–1149) bildeten sich die Grundlagen der Heraldik heraus, die die heimkehrenden Ritter in ihre Länder zurückbrachten. Die beliebtesten Wappenfiguren waren Kreuz, Löwe, Adler, Greif, Pferd, Lilie, Rose und diverse Waffen. Die Heraldik bestimmte nun die Gestaltung von als Rangsymbolen dienenden Fahnen und führte außerdem zur schnellen Verbreitung individueller Flaggen, die als persönliche

Identitätszeichen verwendet wurden.

Als die Mongolen 1279 China eroberten, änderte sich in diesem Teil der Welt auch die Form der Fahnen. Die mongolischen Fahnen waren Dreieckstücher mit gezacktem Rand, wie etwa die Standarte Dschingis Khans, die unter einem mit Pferdeschwänzen geschmückten Dreizack befestigt war.

In Europa spielten heraldische Banner nicht nur auf dem Schlachtfeld eine wichtige Rolle, sondern auch bei den vom 13. bis zum 16. Jahrhundert äußerst beliebten Ritterturnieren. Sie boten den Rittern die Möglichkeit, ihre Identität durch ein

persönliches Wappen hervor-
zuheben, während sie ihr Geschick
im Umgang mit Pferden und
Waffen demonstrierten.

Der Gebrauch wappenge-
schmückter Banner begann im
16. Jahrhundert zurückzugehen.
Die auf Schiffen gehissten Flaggen hatten im Allgemeinen ein
einfarbiges Grundfeld mit einem
Waffenemblem, gegen Ende des
18. Jahrhundert tauchten Fahnen
von Segelclubs auf.

Zu Lande erschienen zeitgleich
die ersten Nationalflaggen. Eine
der ersten war die revolutionäre
»Prinsenvlag« der Niederlande.
Sie wies keinerlei heraldische
Figuren auf, sondern bestand
ausschließlich aus horizontalen
Streifen. Die nach den Revolutionen in Amerika und Frankreich
entstandenen Flaggen folgten
einem ähnlichen Muster. Das
beliebteste Emblem der frühen
Nationalflaggen war ein fünfzackiger Stern als Zeichen der
Freiheit und Unabhängigkeit.

Im 19. und 20. Jahrhundert
dehnte sich der Gebrauch von
Fahnen und Flaggen auf sämtliche
Gesellschaftsbereiche aus.
Fahnen konnten nun Behörden,
Einheiten in den Streitkräften,
Schulen, Organisationen
oder Guerillabewegungen
repräsentieren.

Die modernen Staatsflaggen
spiegeln die zahlreichen politischen Umwälzungen wider, zu
denen es in den beiden vergan-

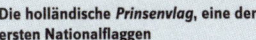

Die holländische *Prinsenvlag*, eine der
ersten Nationalflaggen

genen Jahrhunderten kam, als
Revolutionen viele Monarchien
stürzten. Die Staatsflagge wurde zur politischen und ideolo-
gischen Botschaft des Landes
und veranschaulicht das Identitätsgefühl der Staatsbürger (oder
dessen Fehlen).

Flaggen können Treue, Ideologien, Anarchismus, Herkunft, Stolz,
Freiheit, Macht, Persönlichkeit und
Geschichte symbolisieren. Vieles
lässt sich durch die Gestaltung
einer Flagge ausdrücken und dadurch, dass man sie trägt, ihr folgt
oder sie ablehnt. Flaggen sind
in der heutigen Gesellschaft in
vielerlei Hinsicht zu Identitäts-
symbolen geworden. Was
jede einzelne darstellt, ist
notwendigerweise subjektiv,
aber Flaggen werden auch in
den kommenden Jahrhunderten
weiterhin die Sehnsüchte und
Überzeugungen der Menschen
repräsentieren.

FLAGGENBILDER

Auf den meisten Nationalflaggen ist ein Objekt, eine Figur oder ein Symbol dargestellt. Das Muster beruht in der Regel auf geraden Linien, die drei- oder viereckige Felder, Streifen, Balken und Kreuze bilden.

Kreuz

Skandinavisches Kreuz

Schrägkreuz

Rechtes Obereck

Mittelfeld

Bord

Schrägbalken

Angehobener Schrägbalken

Abgesenkter Schrägbalken

Halbmond

Stern

Schwebendes Kreuz

Länge

Oberkante

Breite (Höhe)

Kante der Liekseite

Oberes Liek   **3**   Oberes Flugteil

2   **1**   **4**

Flugsaum

Unteres Liek   **5**   Unteres Flugteil

Unterkante

1 Mitte der Grundfläche
2 Mitte der Liekseite (Stockseite)
3 Obere Mitte
4 Mitte der Flugseite
5 Untere Mitte

Dreieck

Keil

Trapez

Aufrechtes Dreieck

Gestürzter Keil

Aufrechter Keil

Aufrechter Sparren

Liegender Sparren

Raute

TEILUNGEN VON FLAGGEN

Flaggen können in verschiedene Plätze oder Felder unterteilt sein, die typische Muster bilden. Ist die Grundfläche horizontal oder vertikal geteilt, erhält man Streifen. Bei diagonalen Linien spricht man von schräger Teilung. Sind die Felder gleich groß, so reicht ihre Zahl für die Beschreibung der Flagge. Sind sie von ungleicher Größe, müssen auch ihre Dimensionen angegeben werden.

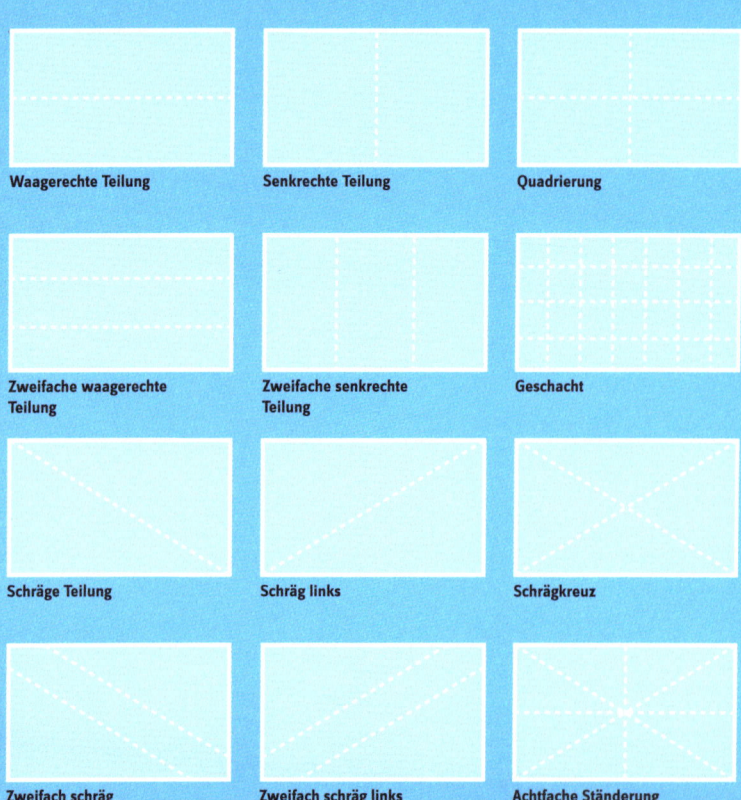

Waagerechte Teilung

Senkrechte Teilung

Quadrierung

Zweifache waagerechte Teilung

Zweifache senkrechte Teilung

Geschacht

Schräge Teilung

Schräg links

Schrägkreuz

Zweifach schräg

Zweifach schräg links

Achtfache Ständerung

PROPORTIONEN VON FLAGGEN

Die Flaggen der einzelnen Staaten haben unterschiedliche Höhen (vom oberen zum unteren Rand) und Längen (vom Liek zum Rand der Flugseite). Die dänische Flagge hat das Seitenverhältnis 28:37, die belgische 13:15, die US-amerikanische 3:5 oder 2:3, die britische und die sowjetische 1:2.

FLAGGENFORMEN

Die typische Flaggenform ist heute das Rechteck, in manchen Fällen sind noch dreieckige, flammenartige oder längliche Formate im Gebrauch. In der Vergangenheit waren die Formen von Fahnen und Flaggen weniger streng geregelt, sie waren oft mit Bändern, gebogenen Rändern oder Ausschnitten versehen. Daraus wird der Wandel in der Funktion ersichtlich. Während die Fahnen vergangener Zeiten Zeichen des Krieges und der Eroberung waren, sind die heutigen Flaggen Symbole der Identität.

HISTORISCH

Gonfanon

Dreiecksform

Schwenkel

Schildförmig

Lanzettförmig

Schwalbenschwanz

Schwalbenschwanz gerundet

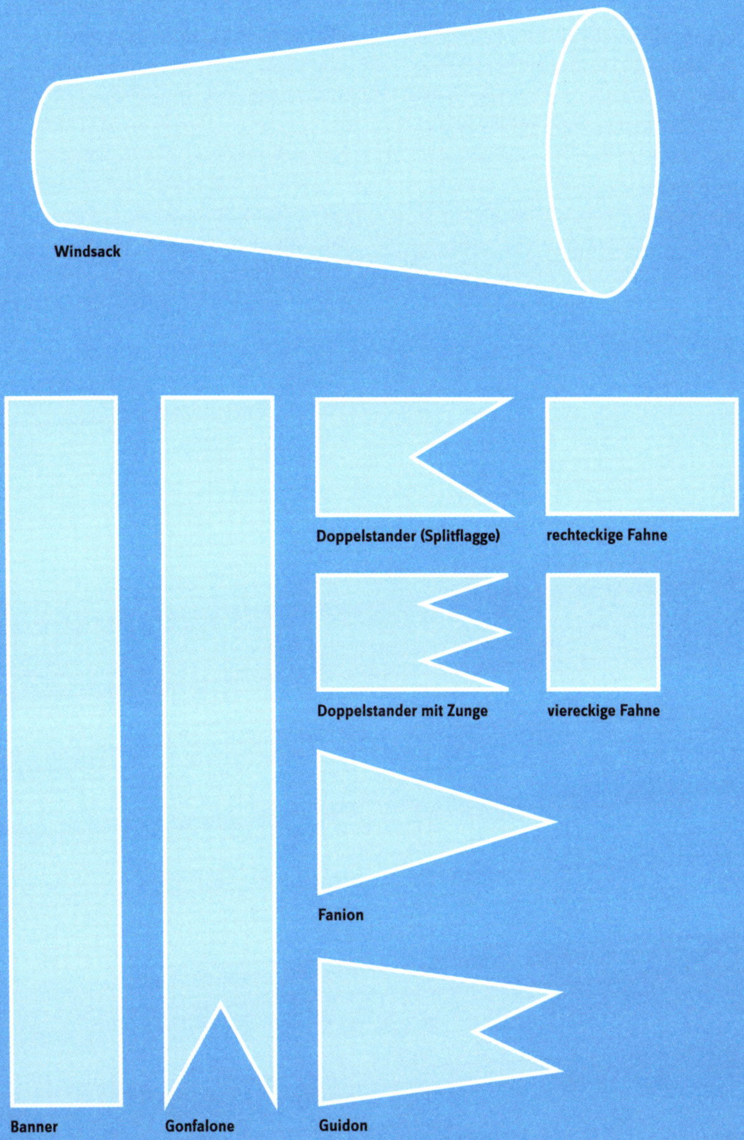

MODERN

Windsack

Doppelstander (Splitflagge)   **rechteckige Fahne**

Doppelstander mit Zunge   **viereckige Fahne**

Fanion

Banner   **Gonfalone**   **Guidon**

ANSCHLAGEN

Unter »Anschlagen« versteht man das Befestigen einer Flagge an der Hissleine des Flaggenstocks. Vor dem Hissen der Flagge wird die Leine durch das Liek gezogen, den stockseitigen, mit Augenösen versehenen Flaggensaum.

Oberhalb und unterhalb der Flagge ist die Hissleine mit Schlaufen versehen, durch die man die sogenannten Knebel steckt, mit denen die Fahne befestigt wird. Wie die Abbildungen zeigen, gibt es für Fahnen und Flaggen verschiedene Anschlagarten.

Hissleine

Hülse und Aufhänger

Hochformatflagge mit Ausleger

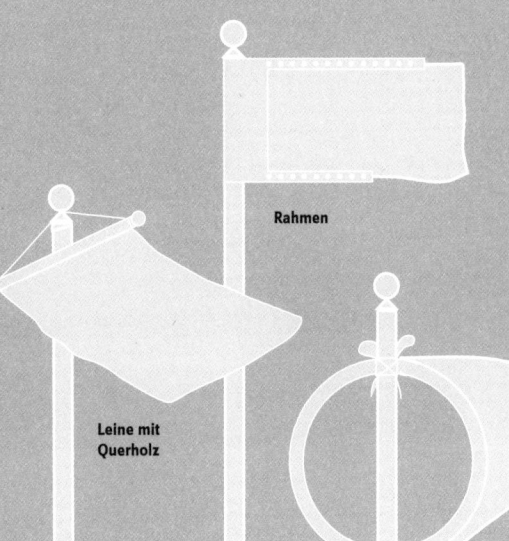

Rahmen

Leine mit
Querholz

Ring mit Windsack

Westeuropäische und
lateinamerikanische
Hissleine

FARBEN

ROT

**STEHT OFT FÜR MUT UND REVOLUTION
WIE AUF DER FLAGGE DER SOWJETUNION ...
ABER AUCH FÜR MUT UND AUSDAUER
WIE AUF DER FLAGGE DER USA.**

USSR

USA

BLAU

KANN WASSER, MEERE UND WASSER-WEGE SYMBOLISIEREN WIE AUF DEN FLAGGEN ISRAELS UND SOMALIAS ... ABER AUCH FREIHEIT WIE AUF DER FLAGGE FRANKREICHS.

Israel

Somalia

Frankreich

GELB

STEHT OFT FÜR DIE SONNE, REICHTUM UND WOHLERGEHEN. BEISPIELE DAFÜR SIND DIE FLAGGE KOLUMBIENS UND PANAFRIKANISCHE FLAGGEN WIE DIE VON MALI.

Mali

Kolumbien

GRÜN

KANN ERDE UND LANDWIRTSCHAFT SYMBOLISIEREN WIE AUF DER FLAGGE JAMAIKAS ODER DEN ISLAMISCHEN GLAUBEN WIE AUF DER FLAGGE PAKISTANS.

Jamaika

Pakistan

WEISS

IST AUF DER FLAGGE VON FINNLAND EIN SYMBOL DES WINTERLICHEN SCHNEES, AUF DER FLAGGE SINGAPURS STEHT ES FÜR UNVERGÄNGLICHE REINHEIT.

Finnland

Singapur

ORANGE

STEHT AUF DER FLAGGE INDIENS FÜR DEN HINDUISMUS, IN ARMENIEN HINGEGEN SYMBOLISIERT ES EINE GUTE ERNTE.

Indien

Armenien

GESCHICHTE DER ÖSTERREICHISCHEN UND DEUTSCHEN FARBEN

Der Sage nach geht die österreichische Flagge auf ein Erlebnis Leopolds V. im Verlauf des Dritten Kreuzzugs zurück. Der weiße Waffenrock des Feldherren war während einer besonders erbitterten Schlacht mit dem Blut der Feinde getränkt worden. Als der Herzog den Schwertgurt ablegte, war der Stoff an der Stelle des Gürtels weiß geblieben, so dass ein Muster aus zwei blutroten, durch einen weißen Streifen getrennten Feldern entstanden war. Beeindruckt machte der Herzog das Muster zu seinem Wappen und Rot-Weiß-Rot zu den Farben Österreichs.

Die Farben Deutschlands gehen auf die Befreiungskriege gegen Napoleon im Jahr 1813 zurück und haben pragmatischen Ursprung: Die schwarzen Uniformen des Lützowschen Freikorps zierten rote Vorstöße und goldfarbene Messingknöpfe, und für die Freiwilligen war es am einfachsten, ihre Kleidung schwarz zu färben, um daraus Uniformen zu machen. Die drei Farben symbolisierten außerdem das Grundmotiv der Befreiungskriege: »Vom Dunkel der Knechtschaft (schwarz) durch blutige Schlachten (rot) ins goldene Licht der Freiheit.«

GESCHICHTE DER IRISCHEN FARBEN

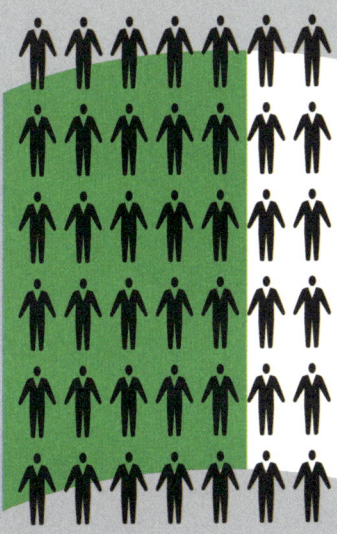

Die irische Trikolore entstand
1848 als Geschenk der Anhänger
der irischen Sache an Francis
Meagher. Allgemein bekannt
wurde sie 1916 während des
Osteraufstands, der Rebellion der
Iren gegen die britische Herrschaft.
Grün steht für die katholische
Bevölkerungsmehrheit, orange
(ein Verweis auf Wilhelm III. von
Oranien) für die protestantische
Minderheit, weiß für die Einheit
und den Frieden zwischen den
Konfessionen. Grün wird mit Ir-
land seit langem assoziiert als
Symbol der gälischen Tradition
der Bevölkerungsmehrheit.

INDIEN

Die Geschichte der indischen Flagge ist im Zusammenhang mit dem früheren Status des Landes als britische Kolonie zu sehen, seinem Unabhängigkeitskampf und seiner heutigen Position als bevölkerungsreichste Demokratie der Welt.

Als die Briten die Herrschaft über Indien übernahmen, lösten sie das Mogulreich ab, das 1526 bis 1858 den Großteil des indischen Subkontinents umfasste. Die bekannteste Flagge des Mogulreichs war der Alam, der Überlieferung nach die Fahne des Kriegers Hussain.

Mit der Gründung Britisch-Indiens 1858, durch die Großbritannien seine Herrschaft über die heutigen Staaten Indien, Pakistan, Bangladesch und Birma errichtete, wurde der Union Jack zur Staatsflagge erklärt. Ab 1880 verwendeten zahlreiche Vereinigungen bei Veranstaltungen auch eine halboffizielle Landesflagge mit dem Union Jack, dem auf der Flugseite auf rotem Grund der Stern des von Königin Victoria gegründeten Ritterordens Star of India gegenüberstand.

Die Kalkutta-Flagge war eine der ersten inoffiziellen Flaggen Indiens, die als direkte Antwort auf den indischen Wunsch nach Unabhängigkeit entstanden: eine Trikolore mit drei horizontalen Streifen. Die acht Lotosblüten auf dem oberen Streifen symbolisieren die acht Provinzen Britisch-Indiens.

Von oben nach unten

Der Alam, die Flagge des Mogulreichs, 1526–1857

Die halboffizielle Flagge Britisch-Indiens, 1880–1947

Eine frühe indische Nationalflagge, bekannt als Kalkutta-Flagge, 1906

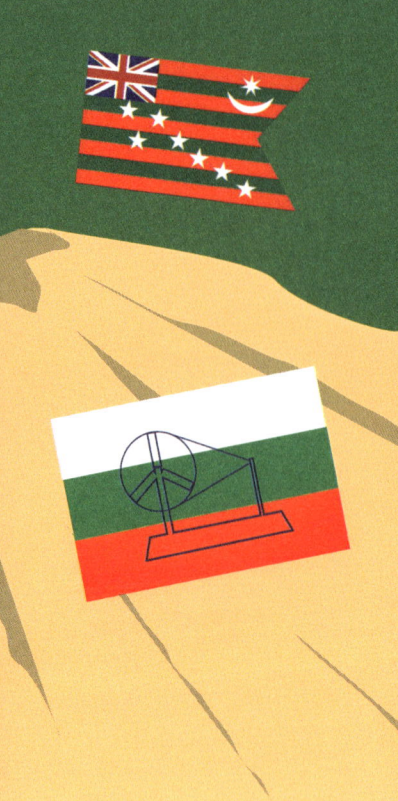

Die Aufschrift »Vande Mataram« auf dem mittleren Streifen bedeutet »Ich verbeuge mich vor dir, Mutter.« Es handelt sich um ein Zitat aus einem dichterischen Loblied auf die Göttin Durga, die in allen Bevölkerungsschichten als Personifizierung Indiens gilt.

Ein Jahrzehnt später gewann die indische Unabhängigkeitsbewegung an Dynamik. 1916 wurde die Home Rule League als nationale Organisation gegründet, deren Ziel es war, im britisch regierten Indien die Führung im Kampf für die Selbstbestimmung zu übernehmen. Die Flagge zeigt den Union Jack, da die Liga, ähnlich wie Australien und andere Länder des Britischen Kolonialreichs, für Indien den Status eines Dominions anstrebte. Die sieben weißen Sterne stellen *Saptarishi* dar, ein den Hindus heiliges Sternbild.

1921 entwarf Mohandas Karamchand Gandhi eine Nationalflagge für ein unabhängiges Indien. Sie zeigte das Emblem des Spinnrads (Charkha), ein Symbol der Hoffnung auf wirtschaftliche und politische Unabhängigkeit. Die Farben standen für die großen Glaubensgemeinschaften Indiens: Rot für den Hinduismus, Grün für den Islam und Weiß für die Minderheitsreligionen.

Eine Weiterentwicklung von Gandhis Flagge, der *Swaraj*, wurde 1931 vom Indischen Na-

Von oben nach unten

Die von der Bewegung All India Home Rule 1917 angenommene indische Flagge

Die von Ghandi 1921 entworfene Flagge

tionalkongress offiziell angenommen.

Die heutige Nationalflagge
Indiens ist der Swaraj-Flagge
nachempfunden und seit der
Unabhängigkeit Indiens 1947
offizielle Staatsflagge. Ihre drei
Farben stehen für Grundlagen
und Werte der Nation: Orange
für den Hinduismus, Mut und
Opferbereitschaft, Weiß für
die Hoffnung auf Frieden und
Grün für Edelmut, Glauben und
Islam. Das Chakra-Rad stellt die
Unvermeidlichkeit des Daseins
dar. Sein Blau symbolisiert die
Meere und den Himmel, die
24 Radspeichen verkörpern die
24 Stunden des Tages.

Von oben nach unten

Das Ashoka-Chakra (»das Rad des Gesetzes«)
schmückt auch heute noch die indische
Nationalflagge

Die 1931 vom Indischen Nationalkongress
angenommene Swaraj-Flagge

NATIONALFLAGGEN UND IHRE GESCHICHTE
CHINA

Drachen galten in China seit Jahrtausenden als wichtige Glückssymbole. Der Drache war das kaiserliche Zeichen der Zhou-Dynastie von 1046–221 v. Chr. und diente Ende des 19. Jahrhunderts auch als Emblem der Qing-Dynastie (1644-1911), der letzten Dynastie des chinesischen Kaiserreiches.

Auch wenn auf der Flagge der Volksrepublik China nun keine Drachen mehr erscheinen, sind sie kulturell auch heute noch sehr bedeutsam und gelten sowohl in China selbst als auch international als Symbol der chinesischen Nation.

Nach dem Sturz der Qing-Dynastie wurde 1912 (nach 2000 Jahren Kaiserreich) die Republik China ausgerufen. Die Flagge der Republik visualisierte das Prinzip der aus fünf Volksgruppen bestehenden Nation. Fünf Streifen unterschiedlicher Farbe standen für die Han (rot), die Mandschu (gelb), die Mongolen (blau), die Muslime oder Hui (weiß) und die Tibeter (schwarz). Yuan Shikai, der sich 1915 zum Kaiser proklamierte, setzte als Han-Symbol ein dominierendes rotes Schrägkreuz in die Flagge. Als die chinesischen Provinzen gegen ihn rebellierten, löste sich sein Kaiserreich jedoch schnell wieder auf.

Die 1928 neu gebildete Republik China wählte eine Flagge mit blauem Himmel, weißer Sonne und roter Erde. Diese Flagge wird heute noch auf Taiwan verwendet.

Von oben nach unten

Die von 1890–1912 gültige Flagge der Qing-Dynastie

Nationalflagge der Republik China 1912–1928

Die Flagge des 1915 von Yuan Shikai gegründeten Kaiserreichs China

Die 12 Strahlen der Sonne stellen die 12 Stunden der Uhr dar, an der sich jeglicher Fortschritt misst.

Die Flagge der Republik China war auch Parteiflagge der Chinesischen Nationalpartei Kuomintang, die von 1928–1949 an der Macht war. Mit der Machtergreifung durch die Kommunistische Partei Chinas und der Gründung der Volksrepublik China wurde auch eine neue Flagge eingeführt. Ein von einer Zeitung organisierter Wettbewerb rief die Chinesen dazu auf, für die Volksrepublik eine neue Flagge zu entwerfen. Sie sollte sich an Geografie, Nationalität, Geschichte und Kultur Chinas und kommunistischen Idealen orientieren. Sie sollte rechteckig sein, ein Seitenverhältnis von 2:3 aufweisen und hauptsächlich hellrot sein. Etwa 3000 Vorschläge gingen ein. Mao Zedong und weitere Parteimitglieder bevorzugten anfangs die Gelbe-Fluss-Flagge mit dem Parteistern in der Oberecke und einem goldenen Balken als Symbol des Gelben Flusses, »der Wiege der chinesischen Kultur«. Schließlich kam man zu der Ansicht, der goldene Streifen könne als Symbol einer Teilung von Nation und Revolution gedeutet werden, so dass sich der Entwurf Zeng Liansongs als Nationalflagge der Volksrepublik China durchsetzte.

Von oben nach unten

Flagge des Kaiserreichs China unter Yuan Shikai 1915

Flagge der Republik China 1928-1949

Liansongs Flagge zierten ursprünglich Hammer und Sichel
in der Oberecke, daneben eine
bogenförmige Umrahmung aus
vier Sternen. Da man darin eine zu
große Ähnlichkeit mit der Flagge
der UdSSR sah, wurde stattdessen
ein großer fünfzackiger Stern als
Symbol der Kommunistischen
Partei eingesetzt. Die vier Sterne
rechts davon symbolisieren die
von Mao Zedong benannten vier
Klassen des chinesischen Volkes:
Arbeiter, Bauern, Kleinbürger und
Bourgeoisie. Diese Form der Nationalflagge ist seit der Gründung
der Volksrepublik China unver-
ändert geblieben.

Von oben nach unten

Vorschlag für die Flagge der Volksrepublik
China, bekannt als Gelbe-Fluss-Flagge

Zeng Liansongs ursprünglicher Entwurf für die
Flagge der Volksrepublik China

NATIONALFLAGGEN UND IHRE GESCHICHTE
IRAK

Die erste irakische Flagge entstand im Zuge des Arabischen Aufstands. Ihre Farben waren Schwarz, Weiß, Rot und Grün und symbolisierten die haschemitischen Rebellenführer, während die beiden siebenzackigen Sterne die Araber und die Kurden symbolisierten. Diese Flagge wurde 1921 angenommen, als der erste Herrscher des Königreichs Irak den Thron bestieg. Sie blieb in Gebrauch, bis Abd al-Karim Qasim den König nach dem Putsch von 1958 absetzte.

1958 wurde die kurzlebige Flagge der Arabischen Föderation eingeführt, eines Zusammenschlusses der Königreiche Irak und Jordanien. Sie überlebte nicht einmal ein Jahr, da der Irak Ende 1958 eine Republik wurde und eine neue Flagge erhielt: Schwarz und Grün stand für den Panarabismus, eine gelbe Sonne für die kurdische und ein roter Stern für die assyrische Minderheit. Sie ist in einigen kurdischen Gebieten des Irak bis heute in Gebrauch.

Nach dem Sturz der Qasim-Regierung 1963 wurde eine neue Flagge eingeführt. Sie enthielt drei grüne Sterne, die für das Motto der Ba'ath-Partei standen – »Wahda, Hurrigeh, Ishtirahiyah«, zu Deutsch »Einheit, Freiheit, Sozialismus« –, und die Farben Rot, Weiß und Schwarz, die auch auf der aktuellen Trikolore vertreten sind.

Von oben nach unten

Erste irakische Flagge von 1921

Die kurzlebige Flagge der Arabischen Föderation von 1958

Erste Flagge der Republik Irak, 1958–1963

Als 1991 Saddam Hussein an die Macht kam, wurde in den Mittelstreifen die Aufschrift »Allahu akbar« (»Gott ist groß«) eingefügt, wobei das Schriftbild der Handschrift Husseins folgte.

Während der von den USA geführten Invasion im Irak bedeckten Soldaten nach der Einnahme Bagdads das Gesicht der Statue Saddam Husseins mit einer US-Flagge, die aber aufgrund ihrer unerwünschten Symbolik rasch entfernt und durch eine alte irakische Flagge ersetzt wurde. Als ein amerikanischer Panzer die Statue zu Fall gebracht hatte, schlugen irakische Bürger ihr den Kopf ab. Dieses von den Medien groß herausgestellte Ereignis brachte viele Zweifler in der westlichen Welt zu der Überzeugung, die Iraker wünschten die Anwesenheit der Amerikaner und ihrer Verbündeten und seien dankbar für die Intervention. Berichten zufolge handelte es sich jedoch um eine Inszenierung des US-Geheimdienstes zur Rechtfertigung der Invasion. Die Massenszenen seien arrangiert worden, um eine Atmosphäre der Zustimmung zu erzeugen. Bei der Flagge selbst habe es sich um ein vorher bereitgestelltes Requisit gehandelt, das in einer solchen Situation

Von oben nach unten

Die Flagge mit dem Motto der Ba'ath-Partei, 1963–1991

Die Flagge mit der Aufschrift in Saddam Husseins Handschrift, 1991–2004

eigentlich nicht zu beschaffen gewesen wäre.

Nach dem Sturz Saddam Husseins und der Bildung des Irakischen Regierungsrats 2004 ging aus einem Wettbewerb eine neue Flagge hervor. Der Entwurf stieß auf starken Widerspruch, da er von den panarabischen Farben abwich, der islamische Halbmond war hellblau und nicht traditionell grün oder rot. Demonstranten verbrannten die Flagge, aufgrund der allgemeinen Ablehnung wurde sie wieder verworfen.

Die Gestaltung der irakischen Flagge ist noch immer Gegenstand von Diskussionen. Seit 2008 wird die rot-weiß-schwarze Trikolore verwendet, wobei die Aufschrift in der traditionellen kufischen Schreibweise erscheint. Es handelt sich aber nur um eine provisorische Lösung. Die endgültige Entscheidung über eine neue Nationalflagge ist noch nicht gefallen.

Die seit 2008 verwendete irakische Flagge gilt als Übergangslösung, über ihre endgültige Gestaltung ist man sich noch nicht einig.

Von oben nach unten

Der Entwurf mit dem blauen Halbmond, 2004

Die seit 2008 verwendete irakische Flagge gilt als Übergangslösung, über ihre endgültige Gestaltung ist man sich noch nicht einig.

Die Hinomaru-Flagge mit der Sonnenscheibe – auch Nisshoki (Sonnenzeichen) genannt – ist seit 1870 ein Symbol Japans, wurde aber erst 1999 zur Nationalflagge erklärt. Bis zu diesem Zeitpunkt gab es keine gesetzlich bestimmte Staatsflagge, auch wenn im Inland wie im Ausland Hinomaru weithin als Synonym Japans angesehen wurde. Die einzige Veränderung wurde 1999 vorgenommen und zwar eine minimale Verschiebung der Sonnenscheibe in Richtung Liek.

Die Symbolik der Sonnenscheibe durchzieht die gesamte Geschichte Japans. Sie war angeblich das Emblem Mommus, des 42. japanischen Kaisers. Die älteste erhaltene Flagge wird im Umpo-ji-Tempel in Yamanashi aufbewahrt. Man geht davon aus, dass sie bereits lange vor dem 16. Jahrhundert entstand (womöglich bereits im 11. Jahrhundert) und von Dynastie zu Dynastie weitergegeben wurde. Andere japanische Mythen führen die Hinomaru-Symbolik auf ein Ereignis des 13. Jahrhunderts zurück. Der Sage zufolge hatte ein buddhistischer Priester dem Kaiser eine Sonnenscheibenflagge geschenkt, um Amaterasu zu ehren, Sonnengöttin und Ahnherrin des Shinto-Glaubens.

Von oben nach unten

Flagge des Ryukyu-Reichs, 1869–1875

Flagge der japanischen Präfektur Okinawa

Flagge der japanischen Präfektur Kagoshima

In der Zeit der Meiji-Restauration, in der das Kaiserreich erneuert wurde, kam es zur Verbreitung der nun ikonischen Sonnenscheibenflagge Hinomaru und der Sonnenaufgangsflagge der Kaiserlichen Japanischen Marine. Die Japaner besetzten das bis dahin unabhängige Königreich Ryukyu, das die heutigen japanischen Präfekturen Okinawa und Kagoshima umfasste.

Andere japanische Flaggen wurden unter ähnlichen ästhetischen Gesichtspunkten entwickelt, um die Idee eines geeinten Japanischen Reiches zu festigen. Die Standarte des japanischen Kaisers ist ein klassisches Beispiel dafür. Auch sie zeigt eine zentrale goldene Scheibe auf rotem Grund, die mit Chrysanthemen verziert ist, dem Symbol des japanischen Kaisers seit dem 12. Jahrhundert. Propagandaplakate, Schulbücher und Filme stellten die Flagge als Quelle des Nationalstolzes dar, um das patriotistische Identitätsgefühl der Bürger zu verstärken. Laut behördlicher Anordnung musste die Flagge an Nationalfeiertagen in Wohnungen sowie bei Feiern und anderen von der Regierung genannten Anlässen gehisst werden.

Von oben nach unten

Standarte des japanischen Kaisers, 1869 bis heute

Flagge der japanischen Präfektur Hiroshima

Von oben nach unten

Die aus der internationalen Seesignalflagge
»E« abgeleitete Flagge war in der Besat-
zungszeit 1945–1952 in Gebrauch.

Flagge der Kaiserlichen Marine (1889–
1945) und der Marine der Japanischen
Selbstverteidigungsstreitkräfte (1945 bis
heute)

GROSS-BRITANNIEN

Von unten nach oben

Die drei Symbole des *Union Jack* (auch *Union Flag*) sind das Andreaskreuz für Schottland, das Schrägkreuz des St. Patrick für Irland und das Sankt-Georgs-Kreuz für England

Die Geschichte der britischen Flagge, des Union Jack, geht auf das Jahr 1603 zurück, als der englische und der irische Thron an Jakob VI. von Schottland fielen. Er wurde dadurch als Jakob I. zum Herrscher über England, Schottland und Irland. Als Symbol für diese Union wurde 1606 eine neue Flagge eingeführt. Aus dem englischen roten Georgskreuz und dem schottischen Andreaskreuz entstand die erste Unionsflagge. Viele Schotten waren mit der Dominanz des englischen Kreuzes unzufrieden und hissten eine Zeit lang eine andere Version dieser Flagge, in der das Andreaskreuz

im Vordergrund stand. Eine Darstellung von Wales wurde als nicht notwendig erachtet. Von Eduard I. schon 1282 annektiert, galt es durch das englische Georgskreuz als hinreichend vertreten.

Auch Irland war im ersten Union Jack nicht repräsentiert. In der Zeit des Protektorats 1658-1660 beschloss Cromwell, das Land durch Einfügen des irischen Wappens zu repräsentieren. Es wurde nach der Restauration durch das irische Schrägkreuz St. Patricks ersetzt.

Von links nach rechts
Schottischer Union Jack,
1606-1701

Union Jack mit dem irischen
Wappen, 1658-1660

Union Jack, 1606-1801

USA

Die Flagge der USA – auch bekannt als »Old Glory« – ist ohne Zweifel die bekannteste Flagge der Welt und in den Vereinigten Staaten ein Symbol des Stolzes und der Stärke. Die amerikanische Nationalhymne »The Star-Spangled Banner« (dt. »das sternenbesetzte Banner«) ehrt die Flagge als Symbol der Freiheit.

Erst 1776 erhielten die USA eine offizielle Flagge im Rahmen der Unterzeichnung der Unabhängigkeitserklärung. Den Flaggen der 13 Staaten, die im Revolutionskrieg gegen die Briten gekämpft hatten, kommt jedoch eine starke historische Bedeutung zu. Als britische Kolonien unterstanden diese Gebiete beim Ausbruch des Krieges offiziell den Weisungen des britischen Parlaments, was jedoch von vielen Kolonisten abgelehnt wurde. Sie waren der Ansicht, dass die fehlende Repräsentation der Kolonien eine Verletzung der Rechte britischer Bürger darstellte. Die zunehmende Unzufriedenheit mit der britischen Herrschaft führte dazu, dass die 13 Kolonien 1775 den zweiten Kontinentalkongress einberiefen und die Schaffung der Kontinentalarmee beschlossen.

Von oben nach unten

Die Gadsdenflagge, um 1775

Die Culpeper-Minutemen-Flagge, um 1775

Die Grand-Union- oder Kontinentalflagge, 1775

Als Reaktion darauf entsandte England Truppen an die amerikanische Ostküste und erklärte 1776 die amerikanischen Kongressdelegierten zu Rebellen und Verrätern an der Krone. Die Kolonien lösten sich daraufhin von der britischen Monarchie und gaben sich mit der Unabhängigkeitserklärung den Status eines selbstständigen und souveränen Staates.

Die 13 Gründerstaaten der USA waren Virginia, New York, Massachusetts, New Hampshire, New Jersey, Maryland, Rhode Island, Connecticut, Delaware, North Carolina, South Carolina, Pennsylvania und Georgia. Im Unabhängigkeitskrieg führten die verschiedenen staatlichen Kampfeinheiten ihre eigenen Fahnen, die seltsamerweise der britischen Flagge ähnelten. Eine in der Schlacht von Bunker Hill getragene Fahne beispielsweise zierten in der Oberecke Georgskreuz und Kiefer wie auf den historischen Flaggen Neuenglands. Andere Revolutionsflaggen waren mit dem Spruch »Zertritt mich nicht!« versehen, Versionen davon zeigen die Gadsdenflagge, die Flagge der Culpeper Minutemen und der heute noch verwendete First Navy Jack.

Von oben nach unten

Bennington-Flagge, 1777–1795

»Betsy-Ross-Flagge«, 1777–1795

Amerikanische Flagge mit einem zusätzlichen Stern für den Bundesstaat Michigan, 1837–1845

George Washingtons Grand Union gilt als die erste Flagge der Vereinigten Staaten, seltsamerweise lehnte sie sich stark an die britische Flagge an. Die Oberecke bildete ein Union Jack, insgesamt ähnelte sie der Flagge der britischen Ostindien-Kompanie.

Einem Beschluss zufolge sollte die Flagge der neu gegründeten Vereinigten Staaten 13 Streifen für die 13 Kolonien und 13 Sterne in der Oberecke tragen, die ein neues Sternbild ergaben. Die Flagge wird oft als die Betsy-Ross-Flagge bezeichnet. Mit dem Hinzukommen neuer Bundesstaaten wuchs die Anzahl der Sterne an, wodurch das Muster der Oberecke sich immer wieder änderte. Aktualisierungen aufgrund des Beitritts neuer Staaten wurden jeweils am 4. Juli vorgenommen, dem amerikanischen Unabhängigkeitstag. Die letzte derartige Ergänzung fand 1960 statt, als Hawaii die Zahl der Sterne auf 50 erhöhte und der US-Flagge damit zu ihrer bisher dauerhaftesten Version verhalf.

Von oben nach unten

Version der amerikanischen Flagge mit einem zusätzlichen Stern für Iowa, 1847–1848

Version der amerikanischen Flagge mit einem zusätzlichen Stern für Colorado, 1877–1890

FLAGGEN DES ZWANZIGSTEN JAHRHUNDERTS
HAMMER UND SICHEL

Dieses Motiv aus einem die Oktoberrevolution 1917 darstellenden Gemälde zeigt Lenin und eine Flagge mit Hammer und Sichel.

Hammer und Sichel waren in der Sowjetunion (1922–1991) die wichtigsten Symbole der amtlichen Flagge. Darüber hinaus wies die Oberecke auch einen roten Stern auf, der die Kommunistische Partei symbolisierte. Damit ist die Rote Flagge eine prägnante Verkörperung der kommunistischen Überzeugungen und Ziele jener, die sie entwarfen: Der Hammer symbolisiert die arbeitenden Proletarier, die Sichel die Landarbeiter. Die Farbe Rot steht für das Blut, das einfache Leute in der Revolution vergießen mussten.

Nachdem die Bolschewiken in Russland die Macht ergriffen hatten, erwogen sie die Möglichkeit, Hammer und Sichel noch mit einem Schwert zu kombinieren. Diese Idee wurde von Lenin jedoch verworfen, da er das Schwert als zu aggressiv empfand.

Bis heute sind Hammer und Sichel ein allseits verständliches Symbol des Kommunismus geblieben und werden von politischen Gruppierungen der äußersten Linken ebenso in Anspruch genommen wie von kommunistisch regierten Staaten wie etwa China.

Die Plastik »Arbeiter und Kolchosbäuerin« vor dem Allrussischen Ausstellungszentrum in Moskau schuf Wera Muchina.

SWASTIKAFLAGGEN

Oben Die Flagge der Nationalsozialisten

Unten Die deutsche Nationalflagge
von 1871–1918 wurde von den
Nationalsozialisten vorübergehend
wieder eingeführt.

Nach der Machtergreifung
am 30. Januar 1933 ersetzten
die Nationalsozialisten die
schwarz-rot-goldene Fahne
der Weimarer Republik durch
zwei Nationalflaggen: die alte
schwarz-weiß-rote Trikolore
des Kaiserreichs und die
Hakenkreuzflagge der NSDAP.
Ein Jahr nach Hitlers Aufstieg
zum »Führer und Reichskanzler«
wurde die Zwei-Flaggen-Regelung
aber aufgehoben, und die Flagge
der NSDAP wurde 1935 zur einzig
gültigen Nationalflagge erklärt
und als solche auf dem Nürnberger
Reichsparteitag vorgestellt.

Eine Zeit lang »heiligten« die Nazis Hakenkreuzflaggen durch Berührung mit der »Blutfahne«, der Hakenkreuzfahne, die Hitler und andere Nationalsozialisten 1923 bei ihrem Münchener Putschversuch getragen hatten.

Das Hakenkreuz war ursprünglich ein buddhistisches, hinduistisches und jainistisches Symbol. Das entsprechende Sanskrit-Wort »swastika« bedeutet »glückbringender Zauber« oder »Heilbringer«, dennoch bleibt es im Denken vieler Menschen generell ein Symbol der Nazi-Schreckensherrschaft. In vielen westlichen Ländern, insbesondere in Deutschland, ist das Tragen und öffentliche Verwenden von Hakenkreuzen verboten.

Oben Flagge der finnischen Luftwaffenakademie mit Hakenkreuzen seit 1918

Unten Die fünffarbige asiatische Jain-Flagge

FLAGGENEREIGNISSE, DIE GESCHICHTE MACHTEN

Amerikanische Soldaten hissen in der Schlacht von Iwo Jima auf dem Suribachi die US-Flagge als Zeichen ihres Sieges über die Japaner. Dieses Motiv eines von Joe Rosenthal stammenden Fotos wurde zum Symbol des amerikanischen Triumphes über die Japaner im August 1945 und damit dem Ende des Zweiten Weltkriegs und Amerikas Aufstieg zur Supermacht.

Als die Sowjetarmee in den letzten
Tagen der Schlacht um Berlin den
größten Teil der Stadt unter ihre
Kontrolle gebracht hatte, hissen
sowjetische Soldaten auf dem
Reichstag die Flagge der UdSSR. Das
Foto wurde zur Ikone, war allerdings
zwei Tage nach dem eigentlichen
historischen Moment nachgestellt
worden. Der Fotograf, Jewgeni
Chaldej, veränderte das Bild, indem
er im Hintergrund Rauch hinzufügte,
so dass die Szene dramatischer
wirkte. Zudem entfernte er vom
Arm eines Soldaten dessen zweite
Armbanduhr, um ihn nicht als
Plünderer erscheinen zu lassen.

DIE FLAGGE AUF DEM MOND

Am 21. Juli 1969 um 2.56 Uhr UTC sprach Neil Armstrong seinen berühmten Satz: »Das ist ein kleiner Schritt für einen Menschen, aber ein großer für die Menschheit.« Er feierte seinen Triumph, indem er vor den Augen der ungläubig staunenden Welt die Flagge der USA auf der Oberfläche des Mondes hisste.

Diese Aktion war allerdings weit schwieriger, als sie auf den Bildern wirken mag. Zunächst sah sich die NASA mit einem UN-Abkommen konfrontiert, das die nationale Inbesitznahme von Teilen des Weltraums oder eines Weltraumterritoriums verbietet und damit prinzipiell auch das Hissen einer Flagge ausschließt. Hinzu kam, dass man die Flagge in dem begrenzten Raum des Mondlandungsmoduls geschützt aufbewahren musste. Mit der Lösung dieses technischen

Problems wurde ein junger Designer des Johnson Space Centers beauftragt. Er entwickelte eine ausziehbare horizontale Teleskopstange, die in einen Saum an der Oberkante der Flagge eingenäht war.

Armstrong erzählte später von den Schwierigkeiten, die sich beim Aufstellen der Flagge ergaben. »So sehr wir uns auch bemühten, ließ sich die Teleskopstange nicht voll ausfahren. Daher war die Flagge nicht flach wie geplant, sondern hatte eine Dauerwelle.« Damit lieferte er eine Erklärung für das scheinbare Wehen der Flagge auf den Mondlandungsbildern, das viele als Beweis dafür ansahen, dass das ganze Unternehmen ein Schwindel war. Ihnen zufolge hätte die Flagge aufgrund der fehlenden Atmosphäre unbe-weglich bleiben müssen.

FLAGGEN-
FAMILIEN

Türkei

Kuba

Italien

Georgien

Flagge der Arabischen Revolution

Kongo

Ein Blick auf die Flaggen verschiedener Staaten zeigt, dass es Ähnlichkeiten und Überschneidungen und wiederkehrende Elemente und Muster gibt. Flaggen mit auffälligen Ähnlichkeiten werden zu Flaggenfamilien zusammengefasst, wobei manche Flaggen mehreren Familien angehören können. Einige Flaggen beispielsweise ziert neben den panarabischen Farben auch der islamische Halbmond.

In vielen Fällen gehen diese Ähnlichkeiten auf historische oder politische Gegebenheiten zurück und sind Ausdruck einer gemeinsamen Geschichte oder kulturellen Verwandtschaft.

DAS CHRISTLICHE KREUZ

Das Kreuz ist ein uraltes Symbol, das schon von den Völkern Mesopotamiens, Chinas, Griechenlands und Skandinaviens benutzt wurde. Heute verbindet man damit hauptsächlich das Christentum. Eine der ältesten Kreuzflaggen war die Jerusalem-Flagge. Sie wies fünf goldene Kreuze auf weißem Grund auf. Dänemark war das erste Land, das auf seiner Flagge das Kreuz aus der althergebrachten zentralen Position zur linken Seite hin verschob. Schweden (1569), Norwegen (1821), Island (1919) und andere folgten diesem Beispiel. Das Malteserkreuz aus dem Jahr 1561 ist eine komplexe Variante des christlichen Kreuzes. Vertreter der Kreuz-Familie sind unter anderen die Flaggen von Dänemark, Schweden und der Schweiz.

Brasilien, Gösch

Dänemark

England

Finnland

Georgien

Griechenland

Dominikanische Republik

Island

Malta, Zivilflagge

Norwegen

Königreich Jerusalem

Québec

Schweden

Schweiz

Algerien

Dagestan (1919–1920)

Libyen (1951)

Ägypten (1952)

Malediven

Mauretanien

Tunesien

Türkei

Pakistan

Südarabische Föderation

DER ISLAMISCHE HALBMOND

Eines der ältesten Symbole, die auf die Geschichte der Menschheit verweisen, ist die Mondsichel. Sie erscheint bereits 2300 v. Chr. auf akkadischen Siegeln und wurde später von den Mesopotamiern und Phöniziern übernommen und nach Karthago gebracht. Die Türken übernahmen den Halbmond im 12. Jahrhundert und machten ihn zum wichtigsten Symbol des Islam, auf Flaggen oft mit einem Stern kombiniert. Heute erscheint er auf den Flaggen Aserbaidschans, Bruneis, der Komoren, Malaysias, der Malediven, Mauretaniens, Nordzyperns, Pakistans, Singapurs, Tunesiens, Turkmenistans, Usbekistans und der Westsahara.

Frankreich

Bolivien

Bulgarien

Deutschland

Gabun

Guinea

Italien

Litauen

Rumänien

Tschad

Ungarn

DIE TRIKOLORE

Zu Beginn der Französischen Revolution 1789 erhielten die Uniformen der Pariser Milizen rot-blaue Kokarden. Noch im gleichen Jahr überreichte der Marquis de Lafayette die Kokarde Ludwig XVI., der ihre Farben dem königlichen Weiß hinzufügte. In der Folge verwendeten die Revolutionsführer und das Pariser Volk die Trikolore als »Farben der Freiheit«, und am 15. Februar 1794 wurde die Trikolore in ihrer heutigen Erscheinungsform zur Nationalflagge der Ersten Republik erklärt. Die Trikolore und allgemein drei vertikale Streifen wurden weltweit zu einem republikanischen Symbol. Zu den Staaten mit vertikal gestreiften Trikoloren zählen unter anderen: Andorra, Belgien, Kamerun, Tschad, Guinea, Irland, Italien, Elfenbeinküste, Mali, Mexiko, Moldawien, Rumänien und Senegal.

DAS STERNENBANNER

Die berühmteste und früheste Flagge mit Sternen und Streifen in Kombination ist die der USA. Sie erfuhr im Verlauf der Geschichte immer wieder Veränderungen. 1815 kreierte der König von Hawaii aus den drei Farben der amerikanischen Flagge und dem britischen Union Jack eine hawaiianische Flagge, die die Symbole der einflussreichsten Mächte des Pazifiks in sich vereinte.

Sterne und Streifen stehen für die Ideale Freiheit und Demokratie. In abgewandelter Form wurden sie auch von anderen Ländern übernommen, wie beispielsweise Argentinien, Chile, Kuba, Griechenland, Liberia, Malaysie, Puerto Rico, Togo, Uruguay.

Arizona

Autonome Gemeinschaft Madrid

Europäische Union

Hawaii (1815–1825)

Katalonien

Kuba

Liberia

Louisiana (1861–1962)

Marokko

Panama

Somalia

Vereinigte Staaten

Vietnam

Washington D. C.

Uruguay

Algerien

Ägypten (1952)

Irak

Jordanien

Palästina

Somaliland

Sudan

Syrien

Vereinigte
Arabische Emirate

Westsahara

DIE PANARABISCHEN FARBEN

Die Entstehung der panarabischen Farben geht auf die Arabische Revolte zurück. 1914 beschloss das Zentralkomitee der Jungen Arabischen Gesellschaft Al-Fatat in Beirut, dass die befreiten arabischen Staaten durch Weiß für die Umayyaden-Dynastie, Schwarz für die Abbasiden und Grün als Farbe des Islam und der Fatimiden repräsentiert werden sollten. Offiziell kamen die panarabischen Farben erst nach Beginn des Aufstands am 10. Juni 1916 zustande. Als die Revolution in Ägypten der Monarchie 1952 ein Ende setzte, führte sie die Flagge der Befreiung mit den panarabischen Farben ein.

Kuwait

DIE PANAFRIKANISCHEN FARBEN

Als ältester unabhängiger Staat Afrikas inspirierte Äthiopien mit seinen Farben Grün, Gelb und Rot sowie die rot-schwarz-grüne Flagge von Marcus Garveys Universal Negro Improvement Association alle späteren afrikanischen Flaggen. Ghana war das erste Land, das die äthiopischen Farben und, für den Stern, das Schwarz aus Garveys Flagge übernahm. Seither folgten viele Staaten und begründeten eine panafrikanische Flaggenfamilie. Aber auch Guyana in Südamerika verwendet diese Farbkombination.

Äthiopien

Angola

Biafra

Zentralafrikanische Republik

Republik Kongo

Uganda

Ghana

Guinea-Bissau

Guinea

Republik Guyana

Die Flagge der von Marcus Garvey gegründeten Universal Negro Improvement Association.

Mosambik

São Tomé und Príncipe

Südafrika

RELIGIONSFLAGGEN

CHRISTENTUM

Von allen Weltreligionen ist das Christentum wohl diejenige mit den meisten Flaggen. Es gibt Flaggen der verschiedenen Konfessionen (wie der Griechisch-Orthodoxen Kirche, der Kirche Schottlands und der Kopten), aber auch der Vatikan als christlicher Stadtstaat oder Amtsträger oder der Bischof von Canterbury besitzen ihre eigenen Flaggen. Im frühen 20. Jahrhundert entstand die Christliche Flagge, die die Weltreligion an sich repräsentiert. Übernommen wurde sie vor allem von protestantischen Kirchen in Nordamerika, Afrika und Lateinamerika.

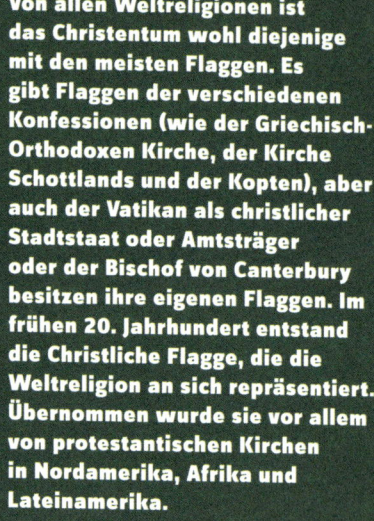

Von oben nach unten

Christliche Flagge, Anfang des 20. Jahrhunderts bis heute

Koptische Flagge, 2005 bis heute

**Im Uhrzeigersinn von oben
nach unten**

Griechisch-orthodoxe Flagge
(ca. 1000 bis heute), Vatikan-
staat (1929 bis heute), Flagge
der Episkopalkirche der USA,
Standarte der Church of Scot-
land (1560 bis heute)

Das Georgskreuz ist ein Kreuz auf weißem Grund, im Unterschied zum Schweizerkreuz reichen beim Georgskreuz die Balken aber bis zum Rand der Flagge. Das Zeichen ist traditionellerweise das Symbol des heiligen Georgs, des Schutzpatrons von England. Aus diesem Grund erscheint es auf Flaggen Englands und der Stadt London, wurde aber auch von anderen Ländern und Regionen übernommen, wie etwa Georgien und dem historischen Königreich Asturien.

Im Uhrzeigersinn von oben links

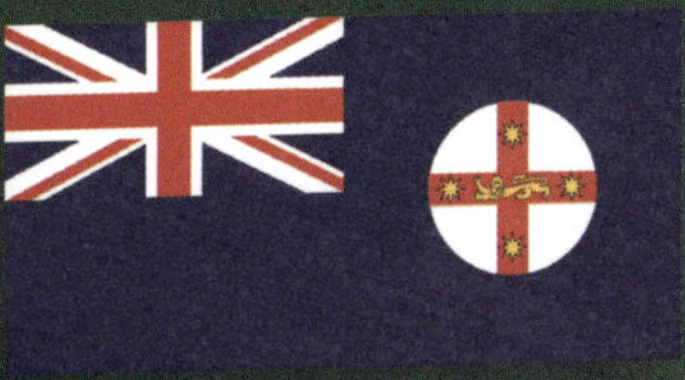

Flagge der Stadt London, ohne Datum

Flagge Englands, 1348 bis heute

Zeremonialflagge Griechenlands, 1828 bis heute

Flagge der Stadt Nanaimo, Britisch-Kolumbien, Kanada, ohne Datum

Flagge Kanadas, 1921–1957

Flagge von Neusüdwales, Australien, 1876 bis heute

Flagge des Königreichs Asturien, ohne Datum

Flagge Georgiens, 2004 bis heute

BUDDHISMUS

Buddhistische
Gebetsfahnen

Internationale
buddhistische Flagge

Buddhistische Flagge
Thailands

Die aus dem 19. Jahrhundert stammende buddhistische Flagge ist international anerkannt, auch wenn einzelne Länder wie Thailand über ihre eigene Version verfügen. Blau (nila) steht für Liebe, Güte, Frieden und Mitleid, Gelb (pita) stellt den mittleren Weg und Ausgewogenheit dar, Rot (lohita) steht für die Segnungen der Praxis, Leistung, Weisheit, Tugend, Glück und Würde, Weiß (odata) für die Reinheit des Dharmas, der Lehre, die zur Befreiung von Zeit und Raum führt, Orange (manjesta) für Buddhas Weisheit und seine Lehren.

Die im Himalaya häufig anzutreffenden buddhistischen Gebetsfahnen sind bunte, rechteckige Tücher, die als Segenspender aufgereiht werden, um Frieden, Mitleid, Stärke und Weisheit zu verbreiten. Traditionsgemäß sind sie mit Holzdrucken verziert, die Texte oder Bilder darstellen.

HINDUISMUS

Die bekannteste Hindu-Flagge ist eine rote oder safranfarbene Dreiecksflagge. Viele Gottheiten haben eigene Flaggen, die einzeln oder neben anderen auf Tempeln oder vor Privathäusern gehisst werden.

SIKHISMUS

Die Sikh-Flagge zeigt das Khanda, eines der Hauptsymbole des Sikhismus. Es steht für »Gottes Unendlichkeit und seine schöpferische Allmacht«.

PROTESTFLAGGEN

Flaggen spielen eine wichtige Rolle bei Kundgebungen aller Art. So können sie etwa Stolz auf das kulturelle Erbe oder politische Forderungen ausdrücken.

SAVE

1 Anarchofeministische Flagge 2 Auf den Kopf gestellt darf die US-Flagge nur als Zeichen der Not oder Gefahr geschwenkt werden, sonst würde man darin eine Protestaktion oder Feindseligkeit sehen. 3 Anarchosyndikalistische oder anarchokommunistische Flagge. 4 Öko-anarchistische Flagge. 5 Afroamerikanische Flagge des Künstlers David Hammonds mit den Farben der Universal Negro Improvement Association nach dem Vorbild der US-Flagge

THE WHALES

4

5

FLAGGEN VON MINDERHEITEN

Flaggen sind wirksame Mittel zur Betonung einer gemeinsamen Identität und Gruppenzugehörigkeit. Minderheiten setzen sie gerne ein, um ihre Forderungen zu unterstreichen.

Manche Minderheitenflaggen repräsentieren ethnische Gruppen wie beispielsweise die Flaggen

1 Flagge der Batwa 2 Flagge der Ureinwohner Australiens 3 Ikurrina, die offizielle Flagge der Autonomen Region Baskenland 4 Korsische Flagge 5 Arrano Beltza, die Flagge der baskischen Separatisten 6 Gay-Pride-Flagge 7 Tibetische Flagge 8 Romaflagge 9 Flagge der Autonomen Region Kurdistan

der Roma, der Batwa oder der Ureinwohner Australiens. Andere stehen für Minderheiten in bestimmten Staaten und drücken ihre Autonomiebestrebungen aus, wie in Tibet, dem Baskenland, Korsika und Kurdistan. Wieder andere, wie die Gay-Pride-Flagge, haben etwas mit sexueller Ausrichtung zu tun.

Die Flaggen von Minderheiten wirken auf zwei Ebenen: Einerseits scharen sie die Angehörigen einer bestimmten Gruppe um sich, andererseits übermitteln sie dem Rest der Welt den Wunsch dieser Gruppe, anerkannt und respektiert zu werden.

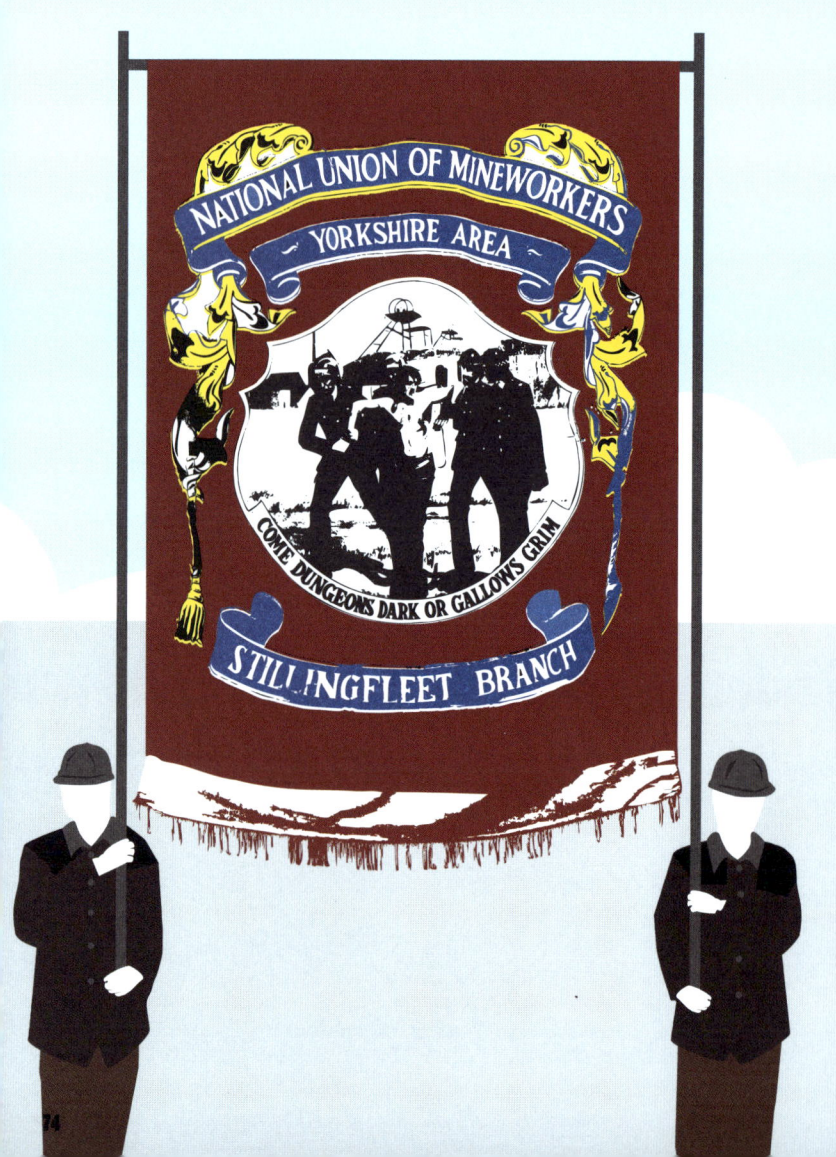

Als stolze Zeichen des Protestes sind Fahnen bei Gewerkschafts-demonstrationen ein vertrauter Anblick. Jede Gewerkschaft hat ihr eigenes Banner, um ihre Identität und ihre Ziele darzustellen.

DIE ROTE FAHNE

Die Rote Fahne ist eng mit Sozialismus und linker Reformpolitik verbunden. Sie entstand 1831 als Symbol der Arbeiterklasse während des Aufstands im walisischen Merthyr Tydfil. Eine bedeutende Rolle spielte sie auch in Frankreich während der Februarrevolution von 1848 und wurde nach ihrer Verwendung durch die Pariser Kommune 1871 zum Symbol des Kommunismus.

Bis zum Ende der 1980er-Jahre repräsentierte die Rote Fahne auch die britische Labour Party und wird in dem Lied »The Red Flag« heute noch am Ende von Labour-Parteitagen besungen. Ähnlich verwendet die irische Labour Party das Flaggen-Lied als Nationalhymne. Es wurde von dem irischen Gastarbeiter Jim Connell geschrieben, als er 1889 an einem Treffen während des Dockstreiks in London teilgenommen hatte. Er verfasste den Text auf der Rückfahrt vom Bahnhof Charing Cross zu seiner Unterkunft in Honor Oak im Süden Londons. Wahrscheinlich kam Connell die Idee zu seinem Lied, als er sah, wie der Schaffner auf der Plattform seine rote Signalflagge schwenkte.

Normalerweise wird der Text zur Melodie von »O Tannenbaum« gesungen. In den letzten Jahren wurde das Lied von dem Liedermacher Billy Bragg mit der Melodie von »The White Cockade« interpretiert, an die auch Connell beim Verfassen seines Textes gedacht hatte.

THE PEOPLE'S FLAG IS DEEPEST RED,
IT SHROUDED OFT OUR MARTYRED DEAD,
AND ERE THEIR LIMBS GREW STIFF AND COLD,
THEIR HEARTS' BLOOD DYED ITS EVERY FOLD.
THEN RAISE THE SCARLET STANDARD HIGH.
WITHIN ITS SHADE WE LIVE AND DIE,
THOUGH COWARDS FLINCH AND TRAITORS SNEER,
WE'LL KEEP THE RED FLAG FLYING HERE.
LOOK ROUND, THE FRENCHMAN LOVES ITS BLAZE,
THE STURDY GERMAN CHANTS ITS PRAISE,
IN MOSCOW'S VAULTS ITS HYMNS WERE SUNG
CHICAGO SWELLS THE SURGING THRONG.
IT WAVED ABOVE OUR INFANT MIGHT,
WHEN ALL AHEAD SEEMED DARK AS NIGHT;
IT WITNESSED MANY A DEED AND VOW,
WE MUST NOT CHANGE ITS COLOUR NOW.
IT WELL RECALLS THE TRIUMPHS PAST,
IT GIVES THE HOPE OF PEACE AT LAST;
THE BANNER BRIGHT, THE SYMBOL PLAIN,
OF HUMAN RIGHT AND HUMAN GAIN.
IT SUITS TODAY THE WEAK AND BASE,
WHOSE MINDS ARE FIXED ON PELF AND PLACE
TO CRINGE BEFORE THE RICH MAN'S FROWN,
AND HAUL THE SACRED EMBLEM DOWN.
WITH HEADS UNCOVERED SWEAR WE ALL
TO BEAR IT ONWARD TILL WE FALL;
COME DUNGEONS DARK OR GALLOWS GRIM,
THIS SONG SHALL BE OUR PARTING HYMN.

FLAGGENVERBRENNUNG

Das Verbrennen von Flaggen ist ein Akt der öffentlichen Schändung und Zerstörung. Im Rahmen politischer Protestaktionen werden oft Nationalflaggen verbrannt. In manchen Ländern ist das Verbrennen von Nationalflaggen gesetzlich verboten, in anderen ist es als Akt freier Meinungsäußerung erlaubt, und es gibt Länder, in denen es verboten ist, die eigene Nationalflagge zu verbrennen, nicht aber die Flagge anderer Staaten. Das Verbrennen einer Flagge ist aber nicht notwendigerweise als Entweihung zu verstehen. In einigen Staaten wie etwa den USA kann es die ehrenvolle Beseitigung einer Flagge bedeuten, die nicht mehr gebrauchsfähig ist.

KAPITULATION

DIE WEISSE FLAGGE ALS WELTWEIT GÜLTIGES SYMBOL DER KAPITULATION GEHT BIS AUF DIE RÖMERZEIT ZURÜCK. GEMÄSS DER GENFER KONVENTION IST SIE EIN INTERNATIONAL ANERKANNTES SCHUTZZEICHEN, DAS DEN WUNSCH NACH FEUEREINSTELLUNG UND DEN VERZICHT AUF GEGENWEHR AUSDRÜCKT.

UMGEKEHRT BEDEUTET DAS SCHWENKEN EINER SCHWARZEN FLAGGE DIE WEIGERUNG, SICH ZU ERGEBEN. DAFÜR WURDE SIE ERSTMALS VON DEN KONFÖDERIERTEN IM AMERIKANISCHEN BÜRGERKRIEG VERWENDET. DEUTSCHEN U-BOOTEN HINGEGEN DIENTE SIE AM ENDE DES ZWEITEN WELTKRIEGS ALS ZEICHEN DER KAPITULATION: SIE HISSTEN SIE BEIM EINLAUFEN IN ALLIIERTE HÄFEN.

SCHWARZE FLAGGEN

Eine schwarze Flagge kann als Missbilligung von Repräsentation angesehen werden und kann deshalb ein Symbol anarchistischer Anschauungen bedeuten.

Anarchisten verwenden schwarze Flaggen seit den 1880er-Jahren in einfacher Form oder mit einem in einen Kreis eingeschriebenen A. Angeblich handelt es sich um eine Anspielung auf Pierre-Joseph Proudhons Satz »Anarchie ist Ordnung«.

Im Europa des 16. Jahrhunderts benutzten die aufständischen Bauern die schwarze Flagge im Bauernkrieg, der größten euro-

päischen Volkserhebung vor der Französischen Revolution.

Nach der schwarzen Flagge benannte sich eine bekannte amerikanische Hardcore-Punk-Band der 1970er- und 1980er-Jahre, für die Raymond Pettibon das Logo entwarf. Der berühmte Künstler (und Bruder des Gitarristen der Black Flag) ließ sich dabei von der holländischen Künstlervereinigung De Stijl inspirieren und wählte als Bandlogo die Abstraktion einer wehenden Flagge mit vier gegeneinander versetzten vertikalen Streifen.

FLAGGENETIKETTE
DAS FALTEN DER OLD GLORY

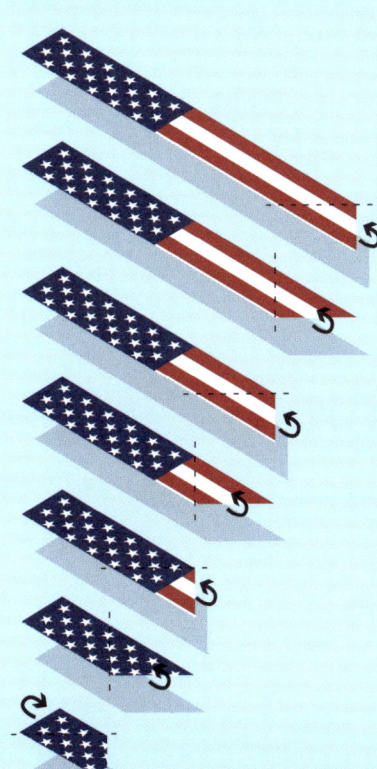

Die Flagge der USA, oft als »Sternenbanner« oder »Old Glory« bezeichnet, zieren 50 Sterne und 13 Streifen. Jeder Stern steht für einen Bundesstaat, die Streifen stehen für die 13 Kolonien, die gegen die britische Monarchie rebellierten und zu den 13 ersten Staaten wurden.

In der amtlichen Flaggenordnung ist davon zwar nicht die Rede, trotzdem ist es ungeschriebenes militärisches Gesetz, »Old Glory« derart zu einem Dreieck zusammenzufalten, dass der rot-weiße Teil in den blauen eingeschlagen wird. Jede einzelne Faltung ist ein Symbol mit Bedeutung und wird bei der Flaggenzeremonie an Feiertagen wie dem Memorial Day oder Veterans Day zelebriert.

FLAGGENETIKETTE
DAS FALTEN DES
UNION JACK

Der Union Jack wird nicht
nach festgelegten Regeln zusammengefaltet. Sich an die
abgebildete Reihenfolge zu halten
ist aber jedenfalls ein sicherer Weg
zu einem befriedigenden Resultat.

FLAGGENETIKETTE
DAS FALTEN DER BANDEIRA DE PORTUGAL

Die portugiesische Flagge wird bei offiziellen Anlässen von vier an den Flaggenkanten stehenden Personen so zusammengefaltet, dass ein Quadrat entsteht, auf dem immer noch das portugiesische Wappen sichtbar ist.

AMERIKANISCHE FLAGGENETIKETTE

Die US-Flaggenordnung regelt das Zurschaustellen und die Pflege der amerikanischen Flagge. Obwohl sie Bestandteil des Bundesgesetzes ist, werden Zuwiderhandlungen nicht bestraft, wie unzählige mit dem Sternenbanner herausgeputzte Amerikaner immer wieder beweisen.

Auf den Kopf gestellt darf die Flagge nur werden, um als Notsignal zu dienen.

Die Flagge darf nicht bei Unwetter gehisst werden.

Eine beschädigte Flagge ist auf würdige Weise zu entsorgen.

Die Flagge darf niemals nur teilweise beleuchtet werden.

Der amerikanische Bürger muss seine Flagge sauber halten.

Die Flagge darf nicht zu Dekorationszwecken
verwendet werden, nicht einmal für attrakti-
ve Vorhänge.

Wird die Flagge gesenkt, darf sie nicht
den Boden berühren.

Die Flagge darf nicht als Kleidungsstück oder
als Teil eines Kleidungsstücks dienen.

Die Flagge darf nicht auf Kissenüberzügen,
Taschentüchern, Tischdecken oder anderen Arti-
keln aufgedruckt sein, die nach einer gewissen
Zeit weggeworfen werden.

Die Flagge darf nicht dazu dienen, Gegenstände
zu enthalten, zu tragen oder zu liefern.

TREUEGELÖBNIS

Der ursprüngliche Wortlaut des »Pledge of Allegiance« (verfasst von Francis Bellamy) wurde 1892 in der bekannten Kinderzeitschrift »The Youth's Companion Magazine« veröffentlicht. Das Gelöbnis hatte den Zweck einer patriotischen »Impfung« und sollte Amerikaner und Immigranten gegen das Virus des Radikalismus und der Subversion schützen.

Der amerikanischen Flaggenordnung zufolge soll das Gelöbnis »so abgeleistet werden, dass sich die Schwörenden erheben und mit dem Gesicht zur Flagge die rechte Hand über dem Herzen halten. Männer müssen, so sie nicht Uniform tragen, jede nichtreligiöse Kopfbedeckung mit der rechten Hand abnehmen und an die linke Schulter halten, wobei die Hand über dem Herzen bleiben muss. Uniformierte müssen schweigend zur Flagge aufblicken und salutieren.«

I PLEDGE ALLEGIANCE TO THE FLAG OF THE UNITED STATES OF AMERICA, AND TO THE REPUBLIC FOR WHICH IT STANDS, ONE NATION UNDER GOD, INDIVISIBLE, WITH LIBERTY AND JUSTICE FOR ALL.

ICH GELOBE DER FLAGGE DER VEREINIGTEN STAATEN TREUE UND DER REPUBLIK, FÜR DIE SIE STEHT, EINE NATION UNTER GOTT, UNTEILBAR, MIT FREIHEIT UND GERECHTIGKEIT FÜR ALLE.

FLAGGEN AUF HALBMAST

Eine Flagge auf halbmast zu setzen, ist ein Zeichen der Trauer angesichts des Todes einer bedeutenden Persönlichkeit. Wahrscheinlich leitet sich der Brauch aus vergangenen Jahrhunderten ab, als man die Flaggen absenkte, um darüber Platz für die unsichtbare »Fahne des Todes« zu schaffen – als Symbol der nicht sichtbaren aber allgegenwärtigen Übermacht des Todes.

In einigen Ländern wie Großbritannien und bei den meisten militärischen Anlässen bedeutet halbmast, dass die Flagge genau um das Maß ihrer Breite aus der normalen Position abgesenkt wird.

In anderen Ländern und generell bei größeren Flaggen auf kurzem Mast wird die Flagge auf halbe Masthöhe gesetzt.

Wird eine Flagge auf halbmast gesetzt, muss sie erst ganz hochgezogen, angehalten und nachträglich abgesenkt werden. Vor dem täglichen Einholen muss sie wieder ganz hochgezogen werden.

93

FLAGGEN IN DER SEEFAHRT
INTERNATIONALE SIGNALFLAGGEN UND WIMPEL

Alfa	Bravo	Charlie	Delta	Echo	Foxtrot
Golf	Hotel	India	Juliet	Kilo	Lima
Mike	November	Oscar	Papa	Quebec	Romeo
Sierra	Tango	Uniform	Victor	Whiskey	X-Ray

Yankee	Zulu

Die hier abgebildeten Flaggen und Wimpel sind häufig auf Schiffen und Booten zu sehen und bilden in der Seefahrt ein wichtiges Kommunikationsmittel.

Signalflaggen können zur Übermittlung kurzer Botschaften dienen. Es werden Zeichen mit bestimmter Bedeutung einzeln wie auch in Kombination eingesetzt.

1

2

3

4

5

6

7

8

9

0

Signalbuch- und Antwortwimpel

Erster Hilfsstander

Zweiter Hilfsstander

Dritter Hilfsstander

95

FLAGGENGALA

Flaggen dienen auch dazu, Schiffe für Zeremonien zu schmücken. Liegt das Schiff im Hafen, wird es über die Toppen geflaggt, an der Mastspitze, wenn es sich dem Hafen nähert oder in ihn einläuft. Bei Regatten sind über die Toppen geflaggte Jachten ein spektakulärer Anblick.

HEIMATWIMPEL

Der Heimatwimpel darf von jedem Kriegsschiff geführt werden, das über ein Jahr auf See war oder die Erde umrundet hat. Er wird am Großtopp geführt, ist etwa 30 cm breit und so lang, dass er beim Auswehen bis ins Kielwasser reicht, bei einer Fregatte der Bundesmarine also mindestens 50 m. Bei der US-Kriegsmarine berechnet sich die Länge der Heimatwimpel aus einem Fuß (30,48 cm) mal der Anzahl der Besatzungsmitglieder, die mehr als neun Monate außerhalb der amerikanischen Hoheitsgewässer Dienst an Bord geleistet haben, ist aber nicht länger als das Schiff.

= 1 ft

SEMAPHORFLAGGEN UND DAS WINKER ALPHABET

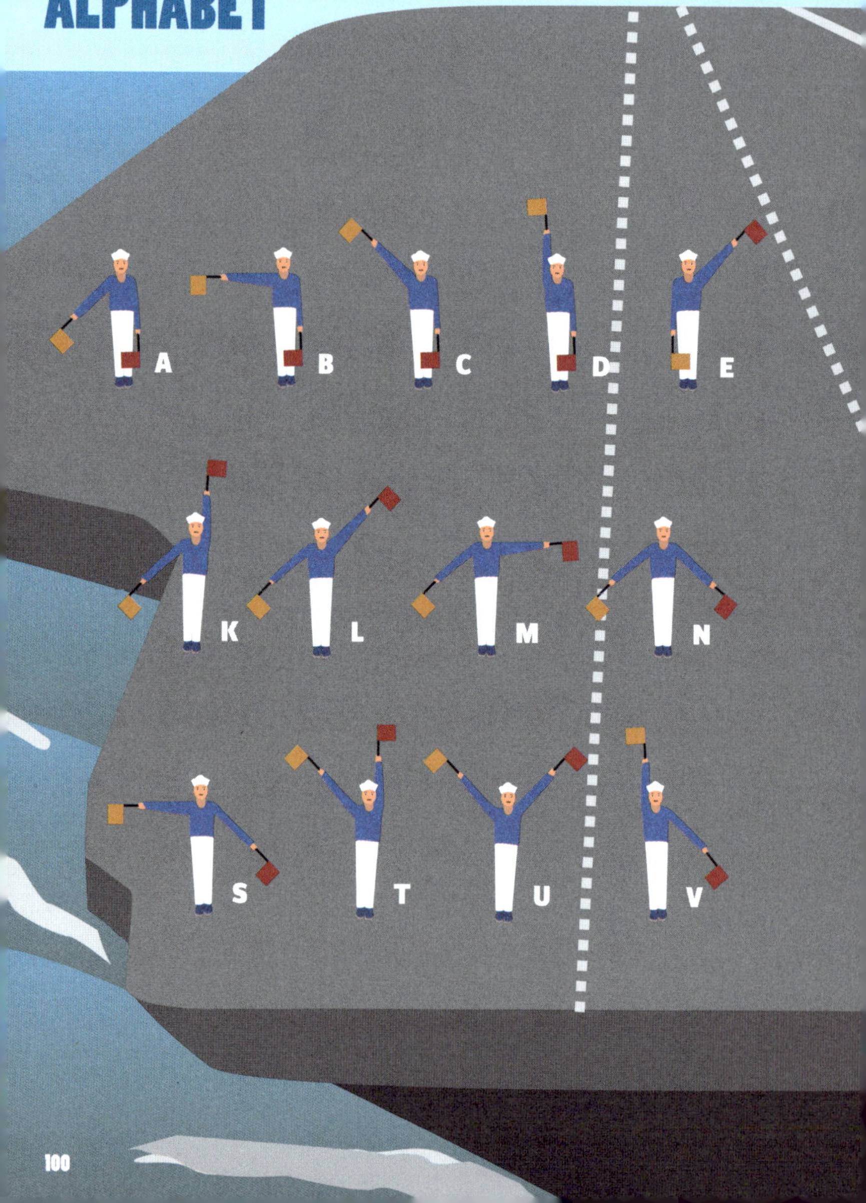

PIRATEN-FLAGGEN
EMANUEL WYNNE

Von der berüchtigten Piraten-flagge, dem Jolly Roger, ist erstmals in einem Bericht über den französischen Piraten Emanuel Wynne die Rede. Am Anfang seiner Karriere terrorisierte Wynne die Küsten von Carolina, später machte er auch in der Karibik reiche Beute. Der Totenkopf mit den gekreuzten Knochen auf Wynnes Flagge wurde zu einem weitverbreiteten Piratensymbol, ebenso wie das Stundenglas, das den Überfallenen visuell mitteilte, dass ihre Zeit abgelaufen war.

BARTHOLOMEW ROBERTS

Der unbestreitbar erfolgreichste Seeräuber des goldenen Piratenzeitalters, Bartholomew Roberts (1682-1722, bürgerlicher Name John Roberts), soll in der Karibik und vor den Küsten Afrikas und Kanadas 470 Schiffe gekapert haben. Roberts wird als einer von vier Piratenkapitänen in Stevensons *Schatzinsel* erwähnt. Ursprünglich war er ein walisischer Seemann, der mit 37 Jahren von dem Piraten Howell Davis gefangen genommen wurde. Als dieser später auf der Insel Príncipe in einem Hinterhalt ums Leben kam, wurde Roberts statt seiner zum Kapitän von *The Rover* gewählt.

CHRISTOPHER MOODY

Das Leben des Christopher Moody bleibt ein Geheimnis. Möglicherweise diente er eine Zeit lang unter Bartholomew Roberts, wurde später selbst Piratenkapitän und trieb zwischen 1713 und 1718 sein Unwesen vor den Küsten von North und South Carolina.

Schließlich wurde er gefangen genommen und in Cape Coast Castle im heutigen Cape Coast in Ghana gehängt. Moodys unverwechselbare Flagge war blutrot und symbolisierte die Erbarmungslosigkeit des Seeräubers gegenüber seinen Opfern.

BLACK BEARD

Edward Teach (1680-1718, bekannt als der berüchtigte Blackbeard) war ein britischer Pirat, der vor den Küsten Amerikas Jagd auf Handelsschiffe machte. Er begann seine Piratenlaufbahn 1716, als er in die Mannschaft Benjamin Hornigolds aufgenommen wurde.

Bald darauf kommandierte er selbst ein Schiff, die *Queen Anne's Revenge*, bis er schließlich im Kampf gegen eine aus Matrosen gebildete, von Lieutenant Robert Maynard geführte Einsatzgruppe ums Leben kam.

U-BOOT-PIRATENFLAGGEN

Die erste Verwendung eines Jolly Roger als Siegesflagge auf einem U-Boot wird Max Horton zugeschrieben. Der Kommandant des britischen U-Boots HMS E9 im Ersten Weltkrieg ließ diese Flagge hissen, als er im September 1914 nach der Torpedierung des deutschen Kreuzers *SMS Hela* in den Hafen einfuhr. Das Hissen des Jolly Roger war eine makabre Anspielung auf eine Feststellung Admiral Arthur Wilsons, des früheren Inspektoren der Royal Navy. Er hatte erklärt, die Einführung von U-Booten bei fremden Kriegsmarinen sei »hinterhältig, unfair und verdammt unenglisch«. Er wollte die britische Admiralität dazu bringen, gefangen genommene U-Boot-Besatzungen als Piraten zu hängen.

Zahlreiche U-Boote machten dies zur Tradition und entwarfen ihren eigenen Jolly Roger, dessen Embleme auf eine Versenkung oder die jeweilige Waffentat verwiesen.

Jolly Roger des U-Boots *Tradewind*

Jolly Roger des U-Boots *Shakespeare*

Torpedierung eines japanischen Handelsschiffs

Torpedierung eines Kriegsschiffs

Torpedierung eines Handelsschiffs

Torpedierung und Versenkung eines U-Boots

Beschädigung eines Schiffs

Versenkung kleiner Schiffe durch Geschützfeuer

Versorgungsfahrten zum belagerten Malta

Abschuss eines Flugzeugs

Beschuss von Zügen oder Gleisen

Versenkung eines Schiffs durch Sprengladung

Einsatz der Geschütze

Versenkung eines sehr kleinen Schiffes

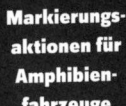

Markierungs- aktionen für Amphibien- fahrzeuge

Markierungs- aktionen für Amphibien- fahrzeuge

Minenlegen

Rettung abgestürzter Piloten oder Schiffbrüchiger

Bergungsaktion

Nacht-und-Nebel- Operationen

Unterschreiten der sicheren Tauchtiefe

Kollision

SPORTFLAGGEN
RENNFLAGGEN

1 **Gelb und rot gestreift:** Achtung rutschige Fahrbahn, normalerweise aufgrund von Öl oder Wasser.

2 **Schwarz mit orangefarbener Kreisscheibe:** Die Flagge wird mit einer Wagennummer gezeigt und weist den Fahrer darauf hin, dass ein mechanisches Problem seine Rückkehr zur Box nötig macht.

3 **Schwarz und weiß:** Die Flagge wird mit einer Wagennummer bei unfairem Verhalten gezeigt. Ändert der Fahrer seine Fahrweise nicht, so folgt die schwarze Flagge (zumeist Disqualifikation).

4 **Rote Flagge:** Sie wird an der Startlinie geschwenkt, um eine Unterbrechung des Rennens oder Trainings anzuzeigen, gleichzeitig werden rote Flaggen von den Beobachtern entlang der Strecke geschwenkt. Sie werden gewöhnlich bei schweren Unfällen eingesetzt oder wenn der Zustand der Fahrbahn den Abbruch des Rennens erforderlich macht.

5 **Schwarze Flagge mit Wagennummer:** Sie befiehlt dem Fahrer des Wagens, die Box anzusteuern. Meistens ist sie das Signal, dass das Rennen für ihn zu Ende ist.

6 **Weiße Flagge:** Sie weist den Fahrer darauf hin, dass vor ihm ein langsames Fahrzeug unterwegs ist.

7 Gelbe Flagge: Sie warnt vor einer Gefahr (z. B. einem havarierten Wagen). Wird eine einzige gelbe Flagge geschwenkt, ist langsamer zu fahren. Werden zwei zugleich geschwenkt, müssen die Fahrer stark verlangsamen und bereit sein anzuhalten. Überholen ist in diesen Fällen verboten.

8 Die blaue Flagge weist den Fahrer darauf hin, dass er über-rundet wird und den schnelleren Wagen vorbeilassen muss. Fährt der Fahrer an drei blauen Flaggen vorbei, ohne den Konkurrenten überholen zu lassen, kann er bestraft werden.

9 Grüne Flagge: Sie zeigt dem Fahrer an, dass die von der gelben Flagge angezeigte Gefahr nicht mehr besteht. Freie Fahrt.

10 Schwarz-weiße Schachbrett-flagge: Ende des Rennens in der vorgesehenen Zeit. Sie wird geschwenkt, wenn der erste Wagen durchs Ziel fährt, anschließend bei jedem Wagen, der die Ziellinie passiert.

10

1 2 3 4 5
6 7 8 9
10 11 12 13 14
15 16 17 18

1

3

2

GOLFFLAGGEN

Die Flaggen auf dem Golfplatz zeigen an, wohin der Golfball geschlagen werden muss. Sie befinden sich über dem Loch, in dem der Ball nach möglichst wenigen Schlägen landen soll.

PLANEN DER BAHN

Bei der Planung eines Schlages muss man sich darüber im Klaren sein, ob zwischen dem Ball und der Flagge Hindernisse liegen. Ist die Spielbahn abgeknickt, ist es vorteilhaft, den Ball auf eine Stelle zu schlagen, von der die Flagge in gerader Linie erreichbar ist. Bei Kurzlöchern muss man sich vor nahe gelegenen Hindernissen wie Wasserflächen oder Sandbunkern hüten.

DER WIND

Flaggen sind beim Golfspielen auch für die Bestimmung der Richtung und Stärke des Windes hilfreich. Für die Planung eines Schlages ist es wichtig zu wissen, aus welcher Richtung der Wind bläst.

LOCHPOSITION

Bei einem Schlag in Richtung Grün helfen die Flaggen, die Position des Lochs zu erkennen. Oft sind die Flaggen farbkodiert in Abhängigkeit davon, ob sie sich vorne, hinten oder in der Mitte des Grüns befinden.

FUSSBALL-FLAGGEN

A   B   C   D

FUSSBALL

Beim Fußball kommunizieren die Schiedsrichter mithilfe von Flaggen miteinander:

A: Die nach oben zeigende Flagge ist für den Schiedsrichter das Zeichen, seine Pfeife zu betätigen und das Spiel zu unterbrechen.

B: Bei einem Ausball hebt der Linienrichter den Arm, und das Spiel wird unterbrochen. Um es fortzusetzen, hält er die Flagge waagerecht in einem 45°-Winkel zur Seitenlinie. In diesem Fall greift das den Einwurf annehmende Team in der von der Flagge angezeigten Richtung an.

C: Kommt es zu einem Abseits, wird die Flagge in Richtung der Abseitsstellung zu der Stelle gerichtet, von der aus der Frei-

stoß erfolgen soll. Das Zurückschwenken der Flagge bedeutet hingegen, dass kein Vorteil gegeben wird und das Spiel nach Senken der Flagge fortzusetzen ist. Wird die Flagge in einem 45°-Winkel nach oben gehalten, bedeutet dies ein Abseits auf der gegenüberliegenden Feldseite; um 45° gesenkt signalisiert die Flagge ein Abseits auf der Seite des Linienrichters; gerade nach vorne gehalten zeigt sie ein Abseits in der Mitte des Spielfelds an.

D: Eine beidhändig über den Kopf gehaltene Flagge unterbricht das Spiel, damit ein Spieler ausgewechselt werden kann.

AMERICAN FOOTBALL

Gelbe Flaggen markieren als Straf-flaggen Fouls oder Regelverstöße. Sie werden in der Regel um ein »Bohnensack« genanntes Gewicht gewickelt, so dass man sie auf den Ort des Fouls werfen kann. Wenn die Schiedsrichter keine Flaggen mehr haben und mehrfache Verstöße bemerken, können sie auch ihre Kopfbedeckung als Markierung verwenden.

Werfen der roten Flagge bei Coach's Challenge: Früher konnten die Schiedsrichter einen strittigen Spielzug anfechten, indem sie einen Pager benutzten, um den Oberschiedsrichter mit der roten Flagge zur Unterstützung herbeizurufen, aber das System der Strafflaggen war bei Weitem beliebter.

DIE EROBERUNG DES MOUNT EVEREST

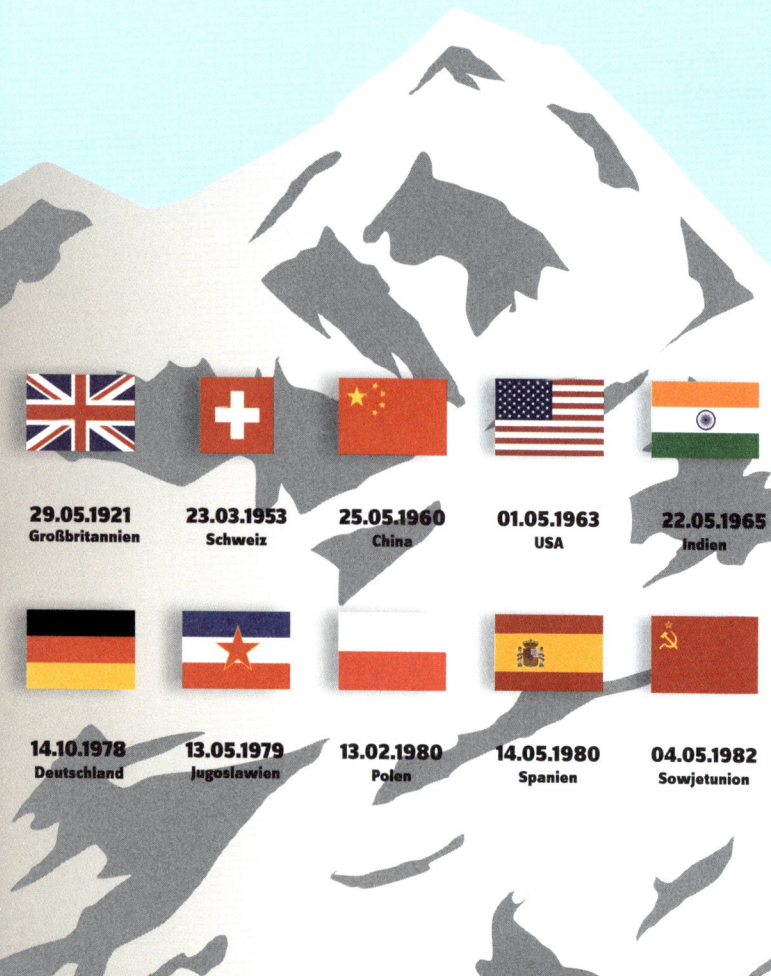

29.05.1921
Großbritannien

23.03.1953
Schweiz

25.05.1960
China

01.05.1963
USA

22.05.1965
Indien

14.10.1978
Deutschland

13.05.1979
Jugoslawien

13.02.1980
Polen

14.05.1980
Spanien

04.05.1982
Sowjetunion

11.05.1970
Japan

05.05/1973
Italien

15.09.1977
Südkorea

03.05.1978
Österreich

14.10.1978
Frankreich

05.10.1982
Kanada

20.04.1984
Bulgarien

03.10.1984
Australien

04.10.1984
Niederlande

15.10.1984
Slowakei

POP-
KULTUR

Die Allgegenwart von Flaggen und ihre Ausstrahlung erklären, warum sie nicht nur Geschichte und Politik, sondern auch die Popkultur durchdringen.

Der Union Jack war Ende der 1970er- und Anfang der 1980er-Jahre ein Symbol der britischen Punk-Rock-Szene. Insbesondere die Sex Pistols benutzten ihn, um gegen die Monarchie und die konservative Regierung Stimmung zu machen. Der Einsatz des Union Jack in diversen Bands machte ihn zu einem Symbol des unkonventionellen Patriotismus der Punk-Generation und einem modischen Symbol jener Zeit.

Die Bedeutung des Sternenbanners in der Popkultur hat dazu geführt, dass es auch in der Mode als Symbol verwendet wird, so auf Schuhen, T-Shirts und Jeans.

Der Aneignung diverser Flaggen durch die Popkultur sind keine Grenzen gesetzt, wie die links abgebildeten Fingernägel zeigen.

FLAGGEN IN DER KUNST

Man kann sich leicht vorstellen, warum das Flaggenmotiv von der Kunst oft illustriert, zitiert und kommentiert wurde. In dem Ölgemälde *Die Freiheit führt das Volk* nutzt Delacroix die Trikolore als Symbol der Revolution und der republikanischen Ideale, die triumphierend von einer Frauengestalt als Allegorie der Freiheit geschwenkt wird. Künstler haben Flaggen aber auch auf andere Weise genutzt, und insbesondere die Werke der Pop-Art setzten oft auf die Ästhetik und subversive Symbolkraft der Flaggen wie etwa Jasper Johns' *Drei Flaggen*

und Roy Lichtensteins *Formen im Raum*. Der französische Künstler Gérard Fromanger lieferte 1970 einen kühnen Kommentar zur blutigen Geschichte der Nationen, indem er ihre Flaggen in seinem *Album Le Rouge* mit roter Farbe verschmierte. Auch heutige Künstlergenerationen spielten in verschiedenen Medien kritisch mit der Sprache der Flaggen, wie etwa der britische Graffiti-Künstler Banksy, dessen Evokation einer Flagge mittels einer Tesco-Tüte aus Plastik auf raffinierte Weise die Sorge über das Konsumdenken in unserer Gesellschaft ausdrückt.

Oben Gérard Fromanger, *Album Le Rouge*, 1970
Gegenüber Eugène Delacroix, Ausschnitt nach *Die Freiheit führt das Volk*, 1830

Roy Lichtenstein, *Formen im Raum*, 1985

Jasper Johns, *Three Flags*, 1958

FIKTIVE FLAGGEN

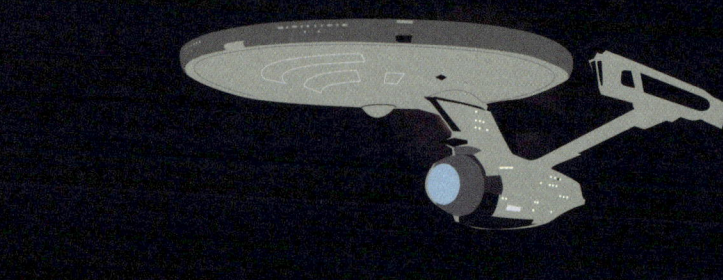

Tintin

1984

*Mounty Python und
der Heilige Gral*

Der Herr der Ringe

Barbar

Fiktive Flaggen sind oft ebenso bekannt wie reale. Das Vorkommen von Flaggen in Romanen, Filmen und im Fernsehen macht uns glauben, dass die dargestellten Welten eine ebenso geschichtsreiche Vergangenheit haben wie unsere eigene. Flaggen in Fantasy-Geschichten wie *Der Herr der Ringe* vermitteln den Eindruck einer vielfältigst bevölkerten Mittelerde; in Science-Fiction-Filmen wie *Star Trek* verstärken sie die Vorstellung weit entfernt von der Erde existierender Welten; und in albtraumhaften Zukunftsvisionen wie in George Orwells *1984* verkörpern sie eine glaubhafte und bedrohliche Zukunft, die immer noch große Ähnlichkeit mit unserer Gegenwart hat.

Star Trek

Star Wars

Die Geschichte der Dienerin

The Rocky Horror Picture Show

Krieg der Sterne

Der Herr der Ringe

Die Simpsons

Ku-Klux-Klan

Italienische Nationale Faschistische Partei

Al Kaida

International Satanic Pride

White Supremacy/ Konföderierte Staaten von Amerika

VERBOTENE UND KULTFLAGGEN

Viele Flaggen mit rassistischen oder faschistischen Hintergründen wurden verboten oder gesellschaftlich geächtet. Faschistische Fahnen wie Hakenkreuzflagge, Flagge der Schutzstaffel (SS) oder die der Italienischen Nationalfaschistischen Partei sind in ihren Ursprungsländern und anderen europäischen Staaten gesetzlich verboten. Andere Flaggen, die rassistische oder fundamentalistische Ideologien repräsentieren, wie etwa die des Ku-Klux Klan, die der White Supremacy oder der Al Kaida, genießen negative Berühmtheit.

Schutzstaffel (SS)

INTERNATIONALE FLAGGEN

Für internationale Vereinigungen und Organisationen wurden unzählige Flaggen entworfen. Interstaatliche Flaggen wie die der Europäischen Union, der NATO und der Vereinten Nationen repräsentieren staatliche Gemeinschaftsinteressen, die nationale Grenzen übersteigen. Flaggen wie die des Roten Kreuzes sind im Hinblick auf ihre humanitäre Konnotation international präsent. Andere wiederum repräsentieren internationale Gesellschaftsgruppierungen mit bestimmten Nischeninteressen.

Vereinte Nationen

Organisation Erdöl Exportierender Länder (OPEC)

Vereinigung Südostasiatischer Nationen

Internationaler Verband Vexillologischer Vereine

Europäische Union

Commonwealth

NATO

Internationaler Roter Halbmond

Internationales Rotes Kreuz

Internationaler Roter Kristall

Olympische Flagge

Afrikanische Union

DIE GRÖSSTE FLAGGE

202 m

DIE KLEINSTE FLAGGE

Dem Guinness-Buch zufolge ist die größte Flagge der Welt jene, die im Oktober 2010 anlässlich des 65-jährigen Bestehens der libanesischen Armee in der liba-nesischen Luftwaffenbasis Rayak im Bekaa-Tal präsentiert wurde. Mit einer Größe von 65 650 m² schlug sie die marokkanische Rekordhalterin, deren Fläche sich auf lediglich 60 000 m² belief. Die 10 452 m² hohe Zeder in ihrem Mittelstreifen war ein Verweis auf die Waldbestände des Landes, die insgesamt 10 452 km² bedecken.

Die kleinste Flagge aller Zeiten wurde vermutlich am Institut für Nanophysik der Universität Bilknet hergestellt. Es handelt sich um eine türkische Flagge mit einer Breite von 700 Nanometern. Zum Vergleich: Der Durchmesser eines menschlichen Haars beträgt im Schnitt 50 000 Nanometer.

FLAGGEN SOUVERÄNER STAATEN

Gegenwärtig gibt es auf der Erde 194 souveräne Staaten, von denen jeder eine eigene Flagge besitzt: sämtliche Mitgliedsstaaten der Vereinten Nationen sowie der Vatikan. Definiert werden kann ein souveräner Staat als von anderen Staaten oder Mächten unabhängiges Territorium, das eine eigene Regierung und eine ansässige Bevölkerung besitzt.

Auf den folgenden Seiten sind daher auch die Flaggen der 50 Bundesstaaten der USA, der 15 Provinzen Kanadas sowie die der 26 brasilianischen Bundesstaaten sowie des Bundesdistrikts abgebildet. Die Flaggen sind jeweils mit der Stockseite links dargestellt, eine Ausnahme bilden die Flaggen von Iran und Irak, bei denen die Stockseite rechts liegt.

 Afghanistan

 Ägypten

 Albanien

 Algerien

 Andorra

 Angola

 Antigua und Barbuda

 Äquatorialguinea

 Argentinien

 Armenien

 Aserbeidschan

 Äthiopien

 Australien

 Bahamas

 Bahrain

 Bangladesh

 Barbados

 Belgien

 Belize

 Benin

 Bhutan

 Bolivien (Pluri-nationaler Staat)

 Bosnien und Herzegowina

 Botsuana

 Brasilien (und seine 27 Bundes-staaten)

 Acre

 Alagoas

 Amapá

 Amazonas

 Bahia

 Ceará

 Distrito Federal

 Espírito Santo

 Goiás

 Maranhão

Mato Grosso

Mato Grosso
do Sul

Minas Gerais

Paraíba

Paraná

Pará

Pernambuco

Piauí

Rio Grande
do Norte

Rio de Janeiro

Rio Grande do Sul

Rondônia

Roraima

Santa Catarina

São Paulo

Sergipe

Tocantins

Brunei
Darussalam

Bulgarien

Burkina Faso

Burundi

Chile

China

Costa Rica

Dänemark

Deutschland

Dominica

Dominikanische
Republik

Dschibuti

Ecuador

El Salvador

Elfenbeinküste

Eritrea

Estland

Fidschi

Finnland

Frankreich

Gabun

Gambia

Georgien

Ghana

Grenada

Griechenland

Guatemala

Guinea

Guinea Bissau

Guyana

Haiti

Honduras

Indien

Indonesien

Irak

Iran (Islamische Republik)

Irland

Island

Israel

Italien

Jamaika

Japan

Jemen

Jordanien

Kambodscha

Kamerun

Kanada (und seine 15 Provinz- und Amtsflaggen)

Alberta

Britisch Kolumbien

Kap-Breton-Insel

Labrador

Manitoba

Neubraunschweig

 Neufundland und Labrador

 Northwest Territories

 Nova Scotia

 Nunavut

Ontario

 Prince Edward-Inseln

   Québec

 Saskatchewan

Yukon Territory

 Kap Verde

 Kasachstan

Kenia

Kirgistan

Kiribati

Kolumbien

 Komoren

 Kongo (Demokratische Republik)

 Kongo (Republik)

 Korea (Demokratische Volksrepublik)

 Korea (Republik)

 Kroatien

 Kuba

 Kuwait

 Laos (Demokratische Volksrepublik)

 Lesotho

 Lettland

 Libanon

 Liberia

 Libyen

 Liechtenstein

 Litauen

 Luxemburg

 Madagaskar

 Malawi

 Malaysia

 **Malediven**

 **Mali**

 **Malta**

 **Marokko**

 **Marshallinseln**

 **Mauretanien**

 **Mauritus**

 **Mazedonien (Ehemalige Jugoslawische Republik)**

 **Mexiko**

 **Mikronesien (Föderierte Staaten von)**

 **Moldawien (Republik)**

 **Monaco**

 **Mongolei**

 **Montenegro**

 **Mosambik**

 **Myanmar**

 **Namibia**

 **Nauru**

  Nepal

 **Neuseeland**

 **Nicaragua**

 **Niederlande**

 **Niger**

 **Nigeria**

 **Norwegen**

 **Oman**

 **Österreich**

 **Osttimor**

 **Pakistan**

 **Palau**

 **Panama**

 **Papua-Neuguinea**

 **Paraguay**

 **Peru**

 **Philippinen**

 Portugal

 Polen

 Qatar

 Ruanda

 Rumänien

 Russische Föderation

 Salomonen

 Sambia

 Samoa

 San Marino

 São Tomé und Príncipe

 Saudiarabien

 Schweden

 Schweiz

 Senegal

 Serbien

 Seychellen

 Sierra Leone

 Simbabwe

 Singapur

 Slowakei

 Slowenien

 Somalia

 Spanien (und die 17 Regionalflaggen)

 Andalusien

 Aragón

 Asturien

 Balearen

 Baskenland

 Kanarische Inseln

 Kantabrien

 Castilla-La-Mancha

 Kastilien und León

 Katalonien

 Extremadura

Murcia

Galizien

La Rioja

Madrid

Navarra

Valencia

Sri Lanka

St. Kitts und Nevis

St. Lucia

St. Vincent und die Grenadinen

Südafrika

Sudan

Surinam

Swasiland

Syrien (Arabische Republik)

Tadschikistan

Tansania (Vereinigte Republik)

Thailand

Togo

Tonga

Trinidad und Tobago

Tschad

Tschechische Republik

Tunesien

Türkei

Turkmenistan

Tuvalu

Uganda

Ukraine

Ungarn

Uruguay

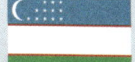
Usbekistan

Vanuatu

Vatikanstadt

Venezuela (Bolivarische Republik)

**Vereinigte Arabi-
sche Emirate**

**Vereinigte Staaten
von Amerika (und
die 50 Bundes-
staaten)**

Alabama

Alaska

Arizona

Arkansas

California

Colorado

Connecticut

Delaware

Florida

Georgia

Hawaii

Idaho

Illinois

Indiana

Iowa

Kansas

Kentucky

Louisiana

Maine

Maryland

Massachusetts

Michigan

Minnesota

Mississippi

Missouri

Montana

Nebraska

Nevada

New Hampshire

New Jersey

New Mexico

New York

North Carolina

North Dakota

Ohio

Oklahoma

Oregon

Oregon
(Rückseite)

Pennsylvania

Rhode Island

South Carolina

South Dakota

Tennessee

Texas

Utah

Vermont

Virginia

Washington

West Virginia

Wisconsin

Wyoming

Vereinigtes
Königreich Groß-
britannien und
Nordirland

Vietnam

Weißrussland

Zentralafrikani-
sche Republik

Zypern

FLAGGENTERMINOLOGIE

EMBLEM Manche Flaggen weisen gegenständliche Heraldik wie Löwen, Adler, Pferde und Rosen auf

AUFTUCHEN Hissen einer Flagge, die so eingerollt wurde, dass sie sich bei Erreichen des Flaggenknopfes durch einen Ruck an der Flaggenleine entfaltet

DEKORATIONSWIMPEL Dekorationsflaggen aus haltbarem Material, die bei Aufmärschen, Umzügen und Veranstaltungen aneinandergereiht verwendet werden

BANNEROL Kleine, gewöhnlich quadratische Flagge mit dem Wappen des Verstorbenen, die früher Trauerzügen vorangetragen wurde

BIKOLORE
Zweifarbige Flagge mit diagonaler Teilung oder gleich breiten senkrechten oder waagerechten Streifen

OBERECKE Das obere Viertel am Liek einer Flagge oder ein abweichend gestaltetes rechteckiges Feld an dieser Stelle

FARBE Flagge einer militärischen Einheit, üblicherweise in Bezug auf die Regimentsfarben

FARBEN Bildlicher Begriff für eine Flagge, insbesondere in der Seeschifffahrt und im militärischen Sinn

GASTLANDFLAGGE Nationalflagge des Gastlands, in dessen
Gewässern sich ein ausländi-
sches Schiff befindet

ABSCHLUSSHÜLSE
Metallischer Beschlag am Ende
des Flaggenstocks unterhalb des
Stangenknopfs

SENKEN Kurzes Senken der
Flagge als Zeichen der Ehrerbietung

STANGENKNOPF
Dekorelement an der Spitze des
Flaggenstocks, oft in Form einer
Speerspitze, eines Tieres oder
Kreuzes

TROMMELBEHANG Kleine
Fahne zur Dekoration einer
Trommel bei Militärparaden

ENSIGN Nationalflagge am Heck
eines Schiffes

FLAGGE
»An einer Leine befestigte
Fahne als Hoheits- oder Ehrenzei-
chen eines Staates, als Erkennungs-
zeichen und Verständigungsmittel,
die an einem Flaggenmast, -stock
oder Ähnlichem gehisst oder befestigt wird.« (*DUDEN*)

EX-VOTO Votivfahne als Zeichen
eines Gelöbnisses

FLATTERFAHNE
Fahne aus leichtem Gewebe, die an
einer Stange befestigt oft als Wer-
bemittel eingesetzt wird

FRANSENRAND

Besatz aus verdrilltem Faden, der als Verzierung des Flaggenrandes dient. Für Paraden oder Feierlichkeiten.

GONFANON

An einer Lanze befestigte bildlose Kriegsfahne aus vorheraldischer Zeit

GUIDON

Eingeschnittene Fahne, Flagge oder Standarte, als Erkennungs- oder Rangzeichen verwendet

GUMPHION

Kleine Begräbnisflagge

GARNISONSFLAGGE

Größte US-Flagge, die an besonderen Beflaggungstagen vor Kasernen oder militärischen Einrichtungen gehisst wird

HANDELSFLAGGE

Nationalflagge, die von in Privatbesitz befindlichen Handelsschiffen gehisst wird

GONFALONE

Die von einem Querstab hängende Flagge endet unten meist in Lätzen mit Fransen. In Westeuropa und besonders in Italien verbreitet.

NAVAL ENSIGN/WAR ENSIGN

Im angelsächsischen Raum von Kriegsschiffen geführte Nationalflagge

PARLAMENTÄRFLAGGE

Weiße Flagge als Zeichen der Verhandlungsbereitschaft in einem Krieg

PAVILION

Hochstilisierte drapierte Flagge, rot oder blau, mit Hermelin besetzt und mit einem Wappen geschmückt

LOTSENFLAGGE **Flagge, die anzeigt, dass sich ein Lotse an Bord des Schiffes befindet**

GEBETSFAHNE

Kleine bunte Fahne, die ein Gebet oder einen Segen ausdrückt, oft mit vielen anderen aufgereiht. Diese für den Buddhismus typischen Flaggen sind traditionellerweise mit Holzschnitten bedruckt, die Texte und Bilder darstellen.

HÄNGEFLAGGE **Flagge, die mit einem horizontalen Flaggenstock an einem Gebäude gehisst wird**

RANGFLAGGE **für die Darstellung des zivilen oder militärischen Ranges einer Person**

KÖNIGLICHE STANDARTE

Rangflagge mit dem königlichen Wappen, die die Anwesenheit eines Monarchen anzeigt

SIGNAL FLAGGE

Signalflaggen dienen der visuellen Kommunikation. Sie entsprechen oft anerkannten Zeichen wie dem Internationalen Signalcode und werden vor allem in der Seeschifffahrt eingesetzt.

STREAMER Lange, luftschlangenartige Flagge, oft für Dekorationszwecke verwendet

WINDFAHNE Kleine Fahne aus Metall, auf Hausdächern angebracht, oft auch als Wetterfahne bezeichnet

SCHWALBENSCHWANZ Dreieckiger Ausschnitt in der Flugseite einer Flagge, historisch typisch für die Wimpel Nordeuropas

TYPE FLAG
Prototyp einer Flagge, der als Vorlage für weitere Flaggen dient. Muster und Farben sind oft gesetzlich festgelegt.

EINMALFLAGGE
Flagge mit ungewöhnlicher Gestaltung, für einmaligen Gebrauch bestimmt

FAHNENTRÄGER Träger eines Feldzeichens oder einer Standarte

VEXILLIUM
Römische Kavallerieflagge

VEXILLOID
Gegenstand, der als Vorläufer der Fahne oder Flagge diente. Er bestand oft aus einem Stab, an dessen Spitze ein Emblem wie etwa ein geschnitztes Tier befestigt war

FLAGGE IN SCHAU

Zu einem Knoten gebundene Flagge, in der Seeschifffahrt ein Notsignal, heute nicht mehr gebräuchlich

KRIEGSFLAGGE

Nationalflagge über einer militärischen Einrichtung

WINDSACK

Zu einem offenen Schlauch zusammengenähte Flagge, an einem Ende mit einem am Flaggenstock befestigten Ring versehen

Titel der Originalausgabe: *NEW WAVE. FACTS ABOUT FLAGS*
Erschienen bei Dog Publishing Limited, London 2011
Copyright © 2011 Black Dog Publishing Limited

Deutsche Erstausgabe
Copyright © 2012 von dem Knesebeck GmbH & Co. Verlag
KG, München
Ein Unternehmen der La Martinière Groupe

Umschlaggestaltung: Leonore Höfer, München
Lektorat, Satz und Herstellung: VerlagsService Dr. Helmut
Neuberger & Karl Schaumann GmbH, Heimstetten
Druck: Print Consult, München

Printed in the EU

ISBN 978-3-86873-424-9

www.knesebeck-verlag.de